"
하나님
진짜예요?
"

프롤로그
Prologue

- 당신을 천국의 주인공으로 초대합니다!
 하나님의 초대장을 드립니다.

"영실아 넌 꿈이 뭐야?"

내 나이 열일곱, 친구의 질문에 대답할 수 없었다. 눈이 채 녹지도 않았는데 서리까지 내린다. 설상가상! 딱 내 인생이다. 짙은 어둠 속에서 빛이 보이지 않는 긴 터널 '왜 살아야 하지? 이렇게 사는 것이 무슨 의미가 있지?'

삶의 고통과 절망은 사춘기 여학생에게는 상상 이상이었다. 아무리 발버둥 치고 빠져나가려고 해도 미로와 같은 삶이다! 죽는 것도 쉬운 것은 아니었다.

어느 날, 십오 년의 방황 끝에 교회에 처음 갔다. 제 발로 간 것은 아니었다. 딱 한 번만 가겠다는 약속을 지키기 위해서였다. 이십여 년 동안 수없이 생각했던 죽음! 교회를 간 날부터 죽음보다 삶을 더 많이 생각하게 되었다. 지금은 하나님의 형상대로 만들어진 빛의 자녀로 살고 있다.

[요한복음 1장 1절~4절]
"태초에 말씀이 계시니라 이 말씀이 하나님과 함께 계셨으니 이 말씀은 곧 하나님이시니라 그가 태초에 하나님과 함께 계셨고 만물이 그로 말미암아 지은 바 되었으니 지은 것이 하나도 그가 없이는 된 것이 없느니라. 그 안에 생명이 있었으니 이 생명은 사람들의 빛이라"

필자의 삶은 하나님의 아들 예수 그리스도를 만나기 전과 후로 나눠진다. 예수 그리스도께서 나를 대신해서 지신 십자가를 통해 무기력함에서 활력으로! 죽을 것 같은 공포와 두려움에서 자유로! 극심한 우울증과 공황장애에서 평안과 기쁨으로! 죽음에서 삶으로 확실히 옮겨졌다. 다시 살아나신 예수 그리스도로 죗값은 완전히 지급되었다.

변화의 주체는 내가 아니라 하나님이시다. 완전한 빛이신 하나님을 만나기 전과 후, 내 삶은 확연히 다르다. 분노와 고통, 후회와 원망은 사랑과 감사로 바뀌었다. 이제는 희망과 비전을 선포하며 하나님의 나라와 의를 꿈꾼다.

우리를 지으신 분, 우리를 정확하고 완벽하게 아시는 분, 우리의 삶에 일어나는 모든 고통스러운 문제를 아시고 해결하시는 분께서 우리와 함께하시길 원하신다. 이유는 하나다. 그분이 우리를 이 땅에 보내시고 우리의 삶을 이끌어 가시는 창조주시기 때문이다.

필자를 180도 바꾸신 하나님을 당신도 만나길 간절히 소망한다. 더 깊이 그분의 사랑 안에서 살기를 바란다. 하나님의 분명한 목적은 우리를 종에서 자유인으로, 사망에서 생명으로, 죄인에서 자녀로 살게 하는 것이다. 나만 보던 개인에서 죽어가는 이웃을 살피고 함께 울고 웃는 자가 되어 곳곳에 하나님의 통치가 이루어지길 원하신다. 작은 예수로 사랑의 전달자가 되길 원하시는 하나님을 만나길 바란다.

두려움과 절망에 빠진 많은 사람에게 분명 하나님은 이 책을 통해 헤아릴 수 없는 사랑으로 회복과 기적을 베푸실 것을 확신한다. 하나님은 나와 당신, 우리와 함께하시기 위해 예수님을 사망과 바꾸신 분이다. 그분이 바로 우리의 아버지시다. 그런 분이 우리에게 무엇을 아끼시겠는가? 분명히 이 책을 펼치는 순간부터 하나님은 당신에게 놀랍게 동행하실 것이다.

우리 삶의 모든 문제를 아시고 해결하실 분, 연약하고 쓰러질 수밖에 없는 우리를 살리시는 하나님께 돌아가자! 문제의 주인도 해답의 주인도 하나님 그분께 속히 돌아가자! 그것만이 해답이다. 당신을 천국의 주인공으로 초대한다.

자! 이제 당신 차례다. 기적의 바통 터치! 바통을 받는 당신에게 지금 하나님의 초대장을 드린다. 나의 영원하신 기업 내 생명보다 귀하신 하나님을 찬양합니다.
할렐루야!

목차 CONTENTS

하나님
진짜예요?

1장

1

하나님 계세요?

하나님
진짜예요?

1
하나님
계세요?

－ 태어나지 말았어야 했어!

    내가 태어난 지 일 년이 조금 지나 여동생이 태어났다. 엄마 젖도 못 먹은 애라며 할머니는 나를 불쌍하게 생각하시고 애지중지 돌보아 주셨다. 하지만 여동생이 태어나자 할아버지는 분노하셨다. 또 딸이 태어났기 때문이다. 엄마는 딸 둘 낳았다는 이유로 기를 펴지 못했다. 산후조리도 못 한 채 시골 농사일을 하셔야 했다. 결혼 전 아빠와 엄마는 미남 미녀 이상이었다. 아빠는 예쁘고 순한 엄마를 삼 년이나 따라 다녔다. 순탄한 결혼생활을 생각하셨겠지만, 엄마는 시집살이로 힘드셨다. 마음고생이 심한 엄마를 보시며 아빠도 괴로워하셨을 것이다.

여동생은 두 돌이 되기 전 큰 남동생이 태어나자 인생이 역전되었다. 드디어 아들 손주가 태어났다며 할아버지는 여동생을 굉장히 예뻐하셨다. 어딜 가도 둘째 손녀딸만큼 예쁜 아이는 없다고 자랑하셨다. 할아버지에게 내 존재는 없었다. 아기 때 울면 구석에 몰아 놓거나 죽어버리라고 하신 분이다.

가끔 서울에 가실 때 손녀딸들을 데리고 다니셨다. 사람들을 만날 때 여동생을 가리키시며 우리 손녀딸이 세상에서 제일 예쁘다고 연신 자랑하셨다. 그런 말을 듣는 나는 어디든지 숨고 싶었다. 시골 오일장이 설 때 동생은 머리부터 발끝까지 신제품으로 도배를 했다. 물론 내 것은 없다. 양말 한 켤레나 스타킹도!

제일 힘든 것은 서울까지 가는 기차 안에서였다. 객실 안에 울리는 "오징어 땅콩"과 여러 가지 음료수나 음식을 동생에게 많이 사 주셨다. 내가 언니인데 늘 할아버지 눈치를 보다 보니 어릴 때

동생에게 기가 죽어 있었다. 이런 일을 여러 번 겪은 이후 자신에 대한 소중함을 모르고 살았다. 그때부터인가보다. '나는 왜 태어났을까? 이렇게 못나고 못생겼어! 동생은 좋겠다. 사랑 많이 받아서…….' 동생이 정말 부러웠다. 그 당시 어린 내가 봐도 여동생은 정말 예뻤다. '예쁘고 잘 생긴 아빠 엄마의 좋은 면을 많이 닮아서겠지…….'

부모님은 내 나이 여섯 살 때 동생 세 명과 서울에 정착하시기 위해 먼저 이사하셨다. 할머니와 살고 싶어서 서울에 가고 싶지 않았다. 그래서 할머니와 더 오래 살게 되었다. 부모님이 서울로 가신 후 시골에서 일 년 반 동안 공부라는 것을 해본 적이 없었다. 학교는 들어가야 하는데 한글도 모르고 내 이름조차 쓸 줄 몰랐다. 초등학교 들어갈 때 이름 석 자를 그려서 들어갈 정도였다. 그런 조카를 보는 삼촌들은 멍청하다며 구박을 해도 학교에 들어가면 다 알게 된다고 할머니는 괜찮다고 하셨다.

시골에서는 글씨를 잘 몰라도 셈을 잘못해도 괜찮았다. 또래 친구들의 부모님이 모두 시골에서는 바쁘셨다. 그래서 또래들이 공부를 잘 하지도 많이 하지도 않았다. 그러던 어느 날 아빠가 시골에 오신 이후로 여덟 살 인생이 꼬이기 시작했다. 할머니와 떨어져서 살 거라는 생각은 한 번도 해 본 적이 없었는데 갑자기 나를 데려가신다는 것이다. 할머니와 떨어지며 할머니도 나도 오열하던 그때가 지금도 생생하다.

2학년 여름 방학이 끝난 후 서울 초등학교에 전학을 왔다. 촌티 나는 얼굴에 이는 썩을 대로 썩어 있었다. 전라도 사투리가 심해서 말을 할 때마다 교실은 웃음바다가 되었다. 사실 비웃음 바다였다. 담임선생님은 연세가 지긋하신 분이셨다. 한글도 잘 몰라, 셈도 못 해 그런 아이가 수업에 방해가 되니 선생님께서는 난감하셨을 것이다. 그래서인지 조용히 했으면 하고 말을 하지 않았으면 하셨다. 어느새 왕따가 되었다. 할머니가 너무 보고 싶었고 서울로 데려온 아빠가 너무 원망스러웠다.

게다가 서울 집 근처에 한 동네 슈퍼에 갈 때마다 아줌마들이 이상했다.

갑자기 "영실아, 엄마가 잘 해 주시니?", "넌 왜 이렇게 까맣고 동생들이랑 안 닮았냐?", "너는 왜 서울에 동생들보다 한참 늦게 왔어?" "진짜 엄마 맞아?"

동네 아줌마들이 계속 물었다. 엄마에게 동네 아줌마들이 자꾸 이상한 것들을 물어본다고 하였다. 동네 아줌마들은 내가 아빠가 바람피워서 낳은 자식이라고 생각하셨다. 동네에서 난리가 났다. 아줌마들과 엄마가 크게 싸우셨다. 엄마는 나를 늦게 데려온 것에 미안해하셨다. 안 그래도 속상한데 동네 사람들이 딸을 그렇게 생각하고 있었으니 더 마음 아파하셨다.

학교에서는 왕따로, 동네에서는 한동안 첩의 딸이 아니냐 하는 소문으로, 서울 생활이 힘들었다. 서울 생활 잘 하는 동생들에게 너무 창피했다. 첫째인데도 모르는 것이 많고 공부도 못했기 때문이다. 시골에 있었으면 이런 일은 없을 걸 괜히 나를 데려온 아빠가 미웠다. 동네도, 학교도 싫었다.

하고 후에 집에 돌아오면 집안 분위기가 어두웠다. 부모님 사이가 너무 안 좋았다. 엄마는 사 남매를 두고 집을 나갈 수도 아이들을 외면할 수도 없었다. 남편으로부터 버림받았다는 느낌을 안고 사는 그런 엄마를 보며 답답했다. 그러면서도 너무 불쌍했다. 어린 나이였지만 참 살기 힘들다는 생각을 많이 했다. '다른 가정도 이럴까? 다른 아이들도 이렇게 힘들까?' 이런 상황이 창피하고 기억하고 싶지 않았다. 아무에게도 말할 수 없었기 때문에 매일 죽고 싶었다.

– 이상한 꿈

어릴 때부터 꿈을 많이 꿨다. 기분 좋은 꿈이 아니었다. 계속 쫓겨 다니고 붙잡힐 것 같이 아슬아슬했다. 가위에 눌리기도 했다. 밤이 되면 불안하고 무서웠다. 자주 쫓기는 꿈을 꿨기 때문이다. 자고 나면 온몸이 아플 때도 있었고 식은땀으로 몸이 젖기도 하였다.

여러 번 너무 이상하고 생생한 꿈을 꿨다. 친할머니와 나와 동생들은 원두막에 앉아 수박을 먹고 있었다. 친할아버지께서 논일하시고 잠깐 나무에 기대어 쉬고 계시다 잠이 드셨다. 어디에서 왔는지 갑자기 큰 뱀이 할아버지의 한쪽 다리를 감고 있었다. 살려달라고 애원하시는 할아버지 모습을 보는데 구해드리고 싶어도 그럴 수가 없었다. 다른 가족들은 그 광경을 볼 수도 들을 수도 없었지만, 꿈속에 일어나는 일들이 나에게는 현실이 되었다. 너무 무서웠다. 진짜 이상한 꿈이라고 생각하고 말았는데 열흘 정도 지나자 시골에서 전화가 왔다. 친할아버지께서 중풍으로 입원하셨다.

친할아버지께서 그렇게 되신 후에도 그 꿈의 의미를 알지 못했는데 또 이상한 꿈을 꾸게 되었다. 꿈에 부슬부슬 비가 오는 저녁 즈음에 외할아버지께서 혼자 술을 드시며 휘청거리고 계셨다. 화가 나신 것 같았다. 갑자기 외할아버지께서 길가 개천에 빠지셨는데 허우적대시더니 돌아가셨다. 새벽이었다. 잠이 깨서 엄마에게 꿈 내용을 말씀드렸더니 대수롭지 않다고 하시며 다시 자라고 하셨다. 다시 잠을 자려고 하는데 주인집 아주머니께서 엄마를 다급하게 부르셨다.

"빨리 전화 받아봐." 주인집에서 전화를 받으신 후 엄마는 혼비백산이 되어 급하게 어디를 가실 준비를 하셨다. "영실아, 엄마 외갓집에 가야 해. 외할아버지께서 돌아가셨대."

나중에 엄마에게 외할아버지 왜 돌아가시게 되었는지 여쭤보았다. 꿈에 본 그대로였다. 그때는 어떻게 학교에 가고 동생들을 챙겼는지 모르겠다. 이상한 꿈들이 계속 꿔졌다. 하루는 꿈에 시골 고향에 끔찍한 일이 일어났다. 나는 시골에서 무슨 일이 일어났는지도 모르고 있었는데 시골 고향에 가게 되었다. 동네에 어른들이 많이 돌아가셨다. 고향 사람들이 아닌 어떤 사람들이 동네의 많은 사람을 죽였다. 그중에 살아남은 어른들이 나를 애타게 기다리고 있었다. "왜 이제야 왔냐? 너희 아빠가 땅에 묻혔어." 고향 어른들이 알려 주었다.

　　꿈속에 아빠가 계시는 곳으로 가려면 깊은 강을 건너야만 했다. '어떻게 강을 건너지?' 하고 물이 너무 깊어 보였지만 아빠에게 가야겠다는 마음을 먹고 강에 발을 디딘 순간 물은 겨우 발목에 닿을 정도였다. 급하게 강을 건넌 후 아빠를 본 순간 너무 큰 충격이었다. 아빠는 세로로 깊은 웅덩이에 머리만 나와 있는 채 묻혀 계셨다. 숨이 끊어진 상태였다. 아빠를 안고 통곡하다 꿈에서 깼다. 공포 그 자체였다. 현실이 될까 봐 너무 무서웠다. 그러나 그 꿈은 일어나지 않았다.

그 후로도 꿈은 계속 꾸게 되었다. 거의 삼십 년이 넘었는데도 아직도 생생하다. 어른들은 애들이 크려고 해서 그런 거라고 말씀하셨다. 또래 친구들도 키 크려고 그러는 줄 알았다. 늘 밤이 되거나 혼자 있을 때는 무서웠다. 절대로 혼자서는 밤에 잘 수 없고 함께 방을 쓰는 여동생 발가락이라도 닿아야 안심이 되었다. 여동생은 귀찮게 한다고 싫어했다. 성인이 되어서도 여동생 없이 혼자 자는 날에는 방불을 켜고 잠시 자거나 뜬 눈으로 날을 샐 정도였다. 누군가 나를 지켜보고 있다고 생각했기 때문이다.

– 초코파이

초등학교 5학년 여름 방학이 시작되기 직전이었다. 교회 언니들과 오빠들이 동네 넓은 곳에서 기타를 치며 노래를 부르고 있었다. 활짝 웃으며 노래를 하는 모습이 신나 보였다. 오랫동안 노래와 함께 율동을 하면서도 전혀 힘들어 보이지 않았다. 가만히 들어 보니 교회에 오면 '초코파이'를 준다는 것이 아닌가? 와! 초코파이? 그 당시 나와 세 명의 동생들은 거의 게 눈 감추듯이 음식을 먹어 치웠다. 라면이나 짜파게티 열 개를 끓인 후 다섯 개를 더 끓여야 했다. 엄마 아빠는 한두 젓가락 드셨을까?

그 당시 즐겨 먹던 여름 간식인 '쭈쭈바'는 오십 개가 들어 있는 한 상자를 사도 이틀이면 없어졌다. 겨울철 '찹쌀떡 메밀묵' 하는 소리에 잠 못 자던 사 남매에게 긴 겨울밤이 고역이었다. 엄마가 생각하신 묘안은 바로 아주 작은 크기의 귤이었다. 하지만 그것도 삼 일이면 끝이 났다. 그러니 교회에 가면 초코파이를 준다는 말에 귀가 번쩍 뜨일 수밖에. 기다리는 며칠이 길었다. 함께 있었던 친구랑 교회에 갔다.

목사님이 설교하시는데 도대체 무슨 말인지 모르겠고 너무 지루했다. 예배만 마치고 나면 초코파이를 받을 수 있다는 생각에 꾹 참았다. 하지만 예배는 그것이 끝이 아니었다. 초등부 학년 담당 선생님께서 새 신자 인사를 하고 난 후에 공과 공부를 한다고 하였다. 공과 공부 시간에 설교한 내용을 다시 복습하는 것 같은데 귀에 전혀 들어오지 않았다. 시간은 왜 이렇게 긴지. 늦게 끝나고 할 것도 많았다. 선생님이 무슨 말씀을 하셨는지 기억이 나지 않았다. 초코파이는 둘째 치고 빨리 끝났으면 좋겠다는 생각뿐이었다. 귀에 한 마디도 들어오지 않았다.

재미가 없으니 주변을 관찰할 수밖에 없었다. 교회에 계속 다니는 아이들도 딴청을 부리거나 주변 친구들과 떠들었다. '쟤들도 초코파이 때문에 교회 왔나? 교회를 다닌 애들도 한눈파는 건 똑같네' 하는 생각이 들었다. 재미없고 따분한 곳이라는 생각이 들자 '다시는 교회에 오지 말아야지'라고 생각했다.

교회 사람들은 친절할 것으로 생각했는데 교회 아이들을 보니 아니었다. 이미 친해진 아이들은 처음 간 우리에게 관심이 없었다. 특별한 관심 가져주길 바란 것도 아니었지만 외딴 섬에 떨어져 있는 느낌이 들어서 더 교회에 가기 싫었다. 나 혼자가 아니라 함께 간 친구가 있어서 그나마 언제 끝날지 모를 시간을 버틸 수 있었다.

– 잘못된 수술

5학년 그해 교회를 한 번 간 이후 바로 다음 주가 여름 방학이었다. 방학 때마다 시골에 갔다. 할머니를 볼 수 있어서 기뻤다. 시골에 도착 후 할머니와 하룻밤을 자고 전주 고모 집에 놀러 갔다. 서너 살 차이 나는 사촌 여동생들이 있어서 즐거웠다. 고모가 차려

주신 점심을 잘 먹고 놀고 있었다.

몇 시간이 지난 후 갑자기 배가 심하게 뒤틀리는 극심한 통증이 생겼다. 허리를 펼 수 없을 정도로 바닥에 데굴데굴 구르며 배를 움켜쥐었다. 배가 단단하게 굳어져서 만져 보니 왼쪽 아랫배에 어른 주먹만 한 덩어리가 만져졌다. 순간 너무 무서웠다. 숨을 제대로 쉴 수 없을 만큼 통증이 심해졌다. 온몸이 떨리면서 식은땀이 흘렀다. 고모는 부안에 계시는 할머니께 연락을 드렸다. 급하게 전주에서 부안으로 가서 읍내 병원에 입원하였다. 가까운 곳에 사시던 작은 아빠와 작은 엄마가 다급하게 병원에 오셨다.

병원에서는 아무래도 복막염인 것 같다고 빨리 수술을 해야 한다고 했다. 작은 아빠는 서울에 계시는 아빠와 통화 후에 작은 아빠가 동의하셔서 수술이 시작되었다. 수술만 잘 하면 깨끗하게 치료될 줄 알았는데 아니었다. 병원 원장님이 보호자인 작은 아빠를 다급하게 불렀다. 복막염인 줄 알았는데 전혀 본 적도, 들은 적도 없는 증상이라고 하였다. 병원 원장님은 친구 의사들을 불렀지만, 대책이 없다고 하였다. 배 안에 남자 주먹만 한 피 주머니를 제거해야 하지만 그럴 수 없다고 하였다. 피가 멈추지 않을 것 같아서 주사기로 고인 피를 뺐다. 그렇게 수술은 끝났다.

수술 후 마취가 풀리자 죽을 것만 같았다. 세로로 수술을 해서 배에 힘이 더 들어가는 것 같았다. 가래가 계속 나와서 기침을 할 때마다 배가 터질 것 같았다. 눈물이 나오는데 울면 배가 떨려서 울 수도 없고 숨쉬기도 어려웠다. 엄마가 서울에서 급히 내려오셨다. 울지도 못하고 신음하는 소리에 엄마가 많이 우셨다. 할머니와 다른 가족들도 정신이 없었다. 병원에서는 앞으로 어떻게 될지 모르겠다고 하였다. 가족들은 모두 걱정이 태산이었다. 그래도 며칠이 지나자 통증은 한결 나아졌다.

그런데 옆의 병실에서 한 아저씨가 생사의 고비를 넘고 계셨다. 아저씨의 손과 발끝이 까맣게 변하고 있었다. 논에서 일을 하다 무언가에 찔렸다고 한다. 대수롭지 않게 여기고 일을 했는데 파상풍이라고 하였다. 아저씨는 결국 돌아가셨다. 문도 없는 옆의 병실에서 일어난 일을 보고 '나도 갑자기 저렇게 죽는 것이 아닌지' 죽음이 너무 두려웠다. 퇴원하고 서울행 고속버스를 타고 오는데 미열이 나면서 배가 다시 아프기 시작했다. 회복 중에 몸이 낫는 과정이라고 생각했는데 수술이 잘못되었을 것이라고는 상상하지 못했다.

– 엄마의 결단

수술 후 미열이 멈추지 않았다. 어느 날 고열이 나기 시작하자 말이 흐려지면서 숨이 가빴다. 침이 흐르고 몸에 힘이 빠졌다. 물체에 대한 원근감이 떨어지고 심장이 매우 빨리 뛰었다. 엄마에게 죽고 싶다고 말했다. 도저히 숨을 쉬기도 어렵고 몸이 땅속으로 빠져드는 듯했다. 눈이 감기면서 잠에 빠져드는 모습을 보고 부모님은 나를 데리고 병원에 가셨다.

동네 병원 원장님이 "삼 일 이내에 열이 안 떨어지면 이 아이는 죽어요." 이미 합병증이 시작된 것 같다며 받아 주지 않았다. 열을 내리려고 시도해 봤지만, 소용없었다. 바로 죽었으면 좋겠다는 생각뿐이었다. 작은 소리로 울부짖었다. "엄마, 나 죽고 싶어!" 정신이 점점 혼미해지자 엄마도 울기 시작했다. 그런데 불현듯 한 달 전 교회에서 들은 말이 생각났다. 전혀 들은 것이 없다고 생각했는데 갑자기 공과 시간에 선생님이 하신 말씀이 떠올랐다. "예수님은 병을 고쳐주시고 교회 오면 병이 낫는다." 엄마한테 들은 대로 말씀드렸다.

엄마는 할머니를 무섭게 생각하셨다. 시집살이를 고되게 하셨기 때문이다. 그런 시어머니보다 딸을 살려야겠다는 각오를 하신 후 그날 밤 엄마는 내 손을 꼭 붙잡고 내일 새벽부터 교회 가자고 하셨다. 엄마와 나는 바로 다음 날부터 초코파이를 받은 그 작은 교회에서 새벽기도를 시작했다. 둘 다 교회에 대해 아는 것이 없었다. 몸이 축 늘어진 나를 엄마는 어떻게 데리고 다니셨을까? 매일 새벽기도 때 목사님께서 배에 손을 얹고 기도를 하셨다. 기도하시며 배에 얹은 손에 힘이 들어갈까 봐 무서웠다.

하루도 빠짐없이 새벽기도를 다녔지만, 너무 아팠기 때문에 목사님께서 뭐라고 기도하시는지 몰랐다. 14일째 되는 날이었다. 갑자기 배에 누군가 불을 지른 것만 같았다.

배를 움켜쥐고 "엄마, 배가 너무 뜨거워! 누가 내 배에 불을 질렀어!" 하고 소리를 질렀다. 그리고 순간 너무 무서웠다. 그때는 엄마도 나도 그 말이 무슨 말인지 몰랐다. 목사님께서 "성령이 불로 태우셨다"라고 하셨다. 성령이 무엇인지 누구인지 몰랐다. "성령께서 치유하셨고 말끔히 나았다"라는 것이다.

죽을 것같이 아팠는데 정말 감쪽같이 배에 통증이 완전히 사라졌다. 목사님께서 엄마에게 이 딸이 평생 하나님을 잘 믿으며 하나님을 떠나지 않게 기도하라고 하셨다고 한다. 만일 하나님을 떠난다면 구원은 하시지만 거의 모든 것을 잃을 것이라고. 엄마는 내 병이 완전히 낫게 되자 열심히 신앙생활을 하셨다. 딸을 살려주신 하나님께 무엇이든지 드리고 싶으셨다고 한다. 시골에서 사시며 한 번도 교회에 가 보신 적 없는 엄마는 그렇게 하나님을 만나셨다. 하지만, 나는 병을 고쳐주신 하나님이 누구신지 몰랐다.

지나고 보니 하나님께서 고난 중에 우리를 부르셨다. 하나님께서 일하셨다. 성인이 되어서 여쭤봤더니 그때 엄마는 심장이 찢어지고 간이 녹을 만큼 너무 애절했다고 하셨다. 엄마는 생사의 고비를 넘고 있는 딸을 살려달라고 애원하시며 눈물로 기도를 하셨다. 지금도 당시의 그 교회를 다니고 계신다. 벌써 삼십 년이 훌쩍 넘은 일인데도 배에 불이 난 것 같은 그때 기억이 선명하다.

– 담임선생님의 부탁

중 3 담임선생님은 정말 예쁘신 분이었다. 언제나 웃으시며 60명이 넘는 학생들에게 친근하게 대해 주셨다. 어딜 가든지 문제 있는 사람들은 있다. 당시 나는 문제아였다. 겉으로 보기에는 친구들과 어려움 없이 말하고 잘 어울렸지만, 마음속이 어두웠다. 선생님은 그런 나를 알아보셨다.

문제가 무엇인지 정확히 알 수는 없지만, 수업시간에 집중하지도 않고 정신이 나가 있는 것 같은 모습이었기 때문이다. 초등학교 다닐 때부터 마음에 어둠이 짙어지기 시작했다. 사이가 좋지 않은 부모님은 소가 닭을 보듯이 사이가 너무 멀게 보였다. 가부장적이고 무서운 아빠에게 엄마는 순종하는 것 같았지만, 엄마 속은 썩을 대로 썩고 있었다. 첫째인 내가 부모님의 모습을 가장 많이, 예민하게 받아들였을지도 모른다. 동생들 마음에는 무거운 짐도 짙은 어둠도 없었으면 좋겠다고 생각했다.

'공부는 왜 해야 하는지? 왜 이렇게까지 힘들게 살아야 하는지?

어쩌다가 부모님은 결혼하셔서 자식을 이렇게 많이 낳았는지?' 하여튼 공부할 맛도 집에 들어가고 싶은 마음도 없었다. 그저 집이 있으니까 들어갔고 아빠한테 무섭게 혼날까 봐 집에 들어갔을 뿐이다. 마음이 답답하고 아팠다. 부모님에 대해 불신했다. 그런 고민을 누구에게도 털어놓을 수 없으니 더 힘들었다. 수업시간에는 계속 '멍'하고 먼 산이나 바라보거나 공부에 신경을 쓰지 않았다. 다른 친구들은 고등학교에 가기 위해서 공부하고 또 공부한다는데 나는 목표가 없었다.

그때부터 마음을 굳혔다. "그래! 학교는 이걸로 끝이다!"

공부해서 무슨 소용이 있는 것도 아니고 잘 하고 싶은 생각도 없었다. 공부를 안 해서 모르는 것이 너무 많고, 너무 모르니까 공부가 안되는 악순환이 반복되었다. 고등학교 진학은 스스로 포기해 버렸다. 시간이 멈춰졌으면 좋겠다고 생각했다. 정말로 어른이 되는 것이 싫었다. 자신이 지키지 못하는 것들을 아이들에게 말하는 것이 위선처럼 느껴졌다. 집은 물론 학교에서도 어른들이 딱 질색이었다.

부모님이 나를 사랑하시지 않거나 내버려 둔 것은 아니었다. 자녀가 부모님께 바라는 것은 부모님이 서로를 존중하고 웃으며 사는 모습이다. 집에 들어오면 느낄 수 있는 훈훈한 분위기와 밝은 에너지를 원한다. 거창한 밥상이나 화려한 칭찬이 아니라 두 분 사이에 가까운 친밀감을 바란다. 하지만 우리 집에서는 그런 걸 바랄 수 없었다. 아빠가 무서워서 진심을 말할 수 없었다. 끊임없이 마음속으로만 절규했다. '아빠, 제발 친절하게 부드럽게 말해 주세요!' 엄마에게 더 짐이 될까 봐 어린 동생들에게는 더더욱 말할 수 없었다. 아빠의 외도로 부모님의 사이는 너무 멀어졌다.

엄마에게 힘이 되는 딸이 되고 싶었다. 큰딸에게 기대가 크셨을 것이다. 그런데 고등학교에 들어갈 수 없을 정도로 성적은 바닥이었다. 머리에 물이 가득 찬 것처럼 늘 무겁고 무기력했다. 그러니 공부가 될 리가 없었다.

여름 방학이 될 무렵 담임선생님은 고등학교 진학에 대해 말씀하셨다. 당시 고등학교에 진학하려면 연합고사를 봐야 했다. 200점 만점에 최소한 102점 이상, 안정적으로 110점은 돼야 했다. 모의고

사를 보고 확인해 보니 91~92점이었다. 담임선생님은 노력하면 고등학교에 충분히 들어간다고 여러 번 말씀하셨다. '내 주제에 무슨 고등학교? 몇 번 말씀하시다 말겠지. 제발 나한테 관심이 없었으면 좋겠다.' 딱 중학교까지만 다니고 내 인생에 학교는 없다고 생각했다. 고등학교는 졸업해야 한다고 말씀하셨다.

정말 귀찮았다. 담임선생님이 엄마와 고등학교 진학상담을 해야 한다고 하셨다. 고등학교에도 들어가기 어려운 상태라는 것을 엄마한테 말씀드리기 어려웠다. 창피한 것보다 너무 죄송했다. 시험을 백일 정도 앞두고 기적이 일어날 것도 아니고, 갑자기 점수를 올릴 수도 없었다. 무슨 과목을 어떻게 어디서부터 공부해야 할지 가늠할 수 없었다.

내가 아니어도 엄마는 너무 힘든데 고등학교에 진학하기 어려운 딸의 고민까지 더해진다고 생각하니 면목 없고 말씀드릴 용기도 나지 않았다. 공부할 의지도 없고 머리도 좋지 않은 상태에서 '상급학교 진학'이라는 말은 나와 전혀 상관이 없었다. 스스로 삶을 정지해 버리고 싶었다. 그런 나를 선생님은 유심히 관찰하신 것 같았다.

집에 무슨 일이 있는지, 힘든 일이 있는지 조심스럽게 물어보셨다. 아무렇지도 않은 듯 대답했지만, 선생님은 무엇인가 크게 잘못되어 가고 있다고 생각하신 것 같았다. 다른 아이들이 눈치채지 못하게 몇 번을 물어보셨다.

선생님은 내가 인생을 포기하고 싶다는 것을 아셨다. 그때부터 "지금이 전부가 아니다. 영실아, 네가 겪고 있는 일은 지나가는 거야. 너는 정말 잘 할 수 있어. 안 해서 그렇지 지금부터라도 해 보자. 선생님이 도와줄게. 넌 분명 잘 해 낼 거야." 스스로에 대한 자신이나 믿음이 없었기 때문에 거듭되는 선생님의 회유에도 마음이 움직이지 않았다.

중 3 담임선생님은 지금까지 알던 다른 선생님들과는 달랐다. 진심이 느껴졌고 진짜 어른이라는 생각이 들었다. 십 대 아이의 고통을 감싸 안고 함께 고민하시며 마음에 상처가 더 커지지 않도록, 절망에서 희망으로 마음을 바꾸도록 설득하셨다. 백일이면 충분히 해낼 수 있다고 말씀해 주셨다. 믿기 어려웠다. 하지만 선생님 말씀대로 공부 한 번 해보기로 했다. 잘 할 수 있을지 모르겠지만 결과를 떠나서 나를 격려하고 믿어주신 선생님을 기쁘게 해드리고 싶었다.

수업시간에는 비몽사몽이었다. 연합고사 준비를 하는 3개월 동안 매일 3시간 정도 자며 닥치는 대로 여러 과목을 외우기 시작했다. 고등학교를 들어가고 싶은 생각보다도 선생님이 실망하시지 않기를 바랐다. 그래서 필사적으로 공부했다. 드디어 연합고사를 보았다. 혹시 고등학교에 진학하지 못할까 하는 생각에 결과를 기다리는 동안 정말 떨렸다. 처음에는 선생님 때문에 공부를 시작했지만, 점점 공부하면서 자신에 대한 가치를 발견하게 되었다. 너무 고등학교에 들어가고 싶어서 제발 입학하게 해달라고 기도했다. 사실 믿고 기도한 것이 아니었기 때문에 의심이 들었다.

시험 결과를 확인해 보니 점수가 대폭 올랐다. 160점이 넘는 점수로 고등학교에 안정적으로 입학했다. 담임선생님 덕분이다. 선생님께서 보여주신 신뢰, 열정, 사랑이 있었기에 해낼 수 있었다. 기도하면서도 하나님께서 내가 기도하는 것을 듣고 계신다고 생각하지 않았다. 그런데 하나님은 듣고 계셨다. 한 번도 떠나신 적이 없다는 것을 그땐 몰랐다. 그런 하나님께 감사하지 않았다. 내가 노력해서 고등학교에 들어간 것으로 생각했다.

하나님
진짜예요?

2장

2

하늘 문을 닫는 사람

하나님
진짜예요?

2
하늘 문을 닫는 사람

– 퉤!

병이 나은 후 다시 교회에 갔다. 처음 교회에 간 날 초코파이를 주신 선생님 반에 배정되었다. 초반에는 예배를 드리며 낯설기도 했지만, 시간이 지나 친구들이 생겼다. 사실 친구들 만나는 것이 좋아서 교회에 다닌 것이지 믿음이 있었던 것은 아니었다. 병이 나았다고 믿음이 생기거나 사람이 바뀌는 것이 아니었다.

병을 고쳐주신 하나님에 대해 깊이 생각해 본 적이 없었다. 갑자기 병이 나아서 좋기만 했다. 무의식적으로 감사했을지는 모르겠지만 겉으로 하나님께 감사한 기억이 없다. 반면 엄마는 믿음 생활을 무척 열심히 하셨다. 딸을 고쳐주시면 교회 잘 다니고 하나님 잘 믿겠다고 약속하셨다고 한다. 사람끼리도 고마운 일이 있으면 표현을 하는 것이 당연한 일인데 보이지 않는 분이 죽어가는 딸을 기적적으로 살려주신 하나님께 엄마는 정성을 다하셨다.

예배 후 선생님께서 공과 공부 시간에 기도하실 때나 성경 말씀을 알려 주실 때 모르겠다는 생각뿐이었다. 기도를 들으며 무슨 뜻인지 몰랐지만, 선생님이 하시는 말씀을 이해해 보려고 노력했다. 교회에 먼저 다닌 아이들은 '사도신경'과 '주기도문'을 줄줄 외우는 것이 신기하면서도 부러웠다. 반복하고 시간이 지나면 다 하게 되겠지만 그래도 빨리 외우고 싶었다.

교회 생활에 이미 익숙한 아이들이 으쓱대는 모습에 텃세 부린다고 생각했다. 할아버지께서는 장로님, 할머니께서는 권사님, 부모님이 집사님인 아이들끼리 모여 있는 것을 보며 '잘난 체'하는 행동으로 보여서 거북했다. 교회나 학교나 같은 곳이라는 생각이 들었다. 교회학교 안에서 회장이나 부회장 같은 임원 아이들이 새 신자 아이들을 은근히 무시하는 것 같았다. 부모님과 조부모님이 교회가 생길 때부터 계신 분들이 많아서 누구 아들, 딸, 손주라는 자랑이 은연중에 퍼져 있었다. 어른들을 보면 공손하고 겸손하게 인사를 하는데 같은 또래 아이들에게는 계급이 높다는 생각을 하는지 그런 모습이 아니었다.

'교회 안에서도 서열이 있나? 할아버지, 할머니, 아빠, 엄마가 교회에서 봉사자면 지네들도 똑같은 줄 아나?' 하는 생각을 하니 정말 어처구니가 없었다. 교회 사람들은 친절하고 새로운 사람에게 배려하고 따뜻하게 대할 줄 알았는데 기대를 잘 못 했나 하는 생각이 들었다.

초등부를 졸업한 후 나름 중등부에서는 교회 생활을 재미있게 했다. 친구들도 더 늘어났고 벌써 몇 년째 같은 교회를 다니니 익숙해졌지만, 고등학교 2학년 때 교회를 떠나고 싶었다. 다시는 교회에 다니고 싶지 않았다. 어른들 사이에서 더 높은 직분이 있는 분들끼리 친해 보였다. 분명히 목사님께서 설교하실 때 교회는 예수 안에서 하나이니 서로 사랑하라고 하셨는데 실제로는 그렇지 않아 보였다.

엄마는 직장에 다니셔서 봉사하시기 어려웠고 몇 년이 지나도 평신도셨다. 평신도든 직분이 높고 낮든 좋은 교회라면 차별이 없어야 한다고 생각했다. 그런데 교회에서마저 교회 밖 권력과 같은 신분 차이가 있다고 생각하니 화가 치밀어 올랐다. '하나님이 계시는데도 교회가 왜 이럴까? 목사님은 이런 일들을 아실까? 아신다면 뭐라고 하실까? 무슨 교회가 이럴까? 교회가 사랑의 공동체라면서 사랑은커녕 서열집단'이라는 생각이 들자 하나님이 계시지 않는다고 생각했다.

그런 생각을 하게 된 이유는 어른들의 행동과 아이들의 행동이 점점 비슷해 보였기 때문이었다. 교회를 오래 다니신 분들이 남들 흉보는 것을 보니 가식적으로 보였다. 삼삼오오 모여서 상대방을 흉봤으면서 아무렇지도 않은 듯 웃으면서 대하고 그 사람이 없으면 다시 흉을 봤다. 자기들만 돋보이고 잘난 사람처럼 보여야 하나? 교회 다니면서 왜 저러지? 그러면서 아이들에게는 남들 험담

하면 안 된다고 하는 어른들을 이해하기 어려웠다. 사실 이해하고 싶지 않았다.

교회에 그런 분들만 계신 것은 아니었다. 목사님과 사모님, 전도사님과 친절하고 사랑을 베풀어 주시는 분들도 많았다. 그런데 좀 오래 다녔다고 터줏대감이라도 되는 것처럼 행세하는 분들이 너무 싫었다. 새 신자나 직분이 없는 사람이라도 자신이 다니는 교회가 좋아서 봉사를 열심히 하고 싶거나 신앙생활 잘 하고 싶은 것이 정상이지 않을까? 왜 교회에서마저 계급이 있는 것 같지?

교회에서도 차별이라는 것을 느끼니 학교에서 차별을 겪은 일들이 생각났다. 그래서 차별에 더 민감할지도 모른다. 부잣집 엄마들은 학교에 빈손으로 오시지 않았다. 알게 모르게 선생님 선물과 촌지를 가지고 오셨다. 엄마가 다녀가신 후 선생님의 대우가 달라졌다. 그 아이들에게 무척 친절하게 대해 주시는 선생님의 모습을 통해 알 수 있었다. 가난한 집 아이들은 그럴 여유가 없으니 차별을 겪게 되었다.

초등학교 시절 우리 집은 빨간 딱지가 붙어서 자칫하면 경매에 넘어갈 위기였다. 학교에 엄마가 찾아오신 적이 없다. 선생님은 무언가를 원하시는 것 같았지만 촌지가 없는 아이들은 차별받는다고 생각했다. 그래서 더욱 엄마가 학교에 오지 않길 바랐다. 가정 형편이 넉넉하지 않은데 빈손으로 와서 엄마가 무시 받을 것 같았기 때문이다.

교회에서는 소외나 차별이 없었으면 좋겠다고 바랐는데 아니었다. 사람들 있는 곳에는 다 있나 보다. 어른들인데도 교회 안에서 '내 편, 네 편' 하고 잘난 척하는 모습은 참 보기 딱하다 못해 싫었다. 특히 목사님 앞에서 잘 보이려고 하는 어른들 모습은 정말 황당했다. 남 흉을 보면서까지 왜 목사님에게 잘 보이려고 하는지! 최소한 집사도 아닌 사람들은 힘도 없고 자녀들까지도 소외감을 느낀다는 것이 더 싫었다.

잘못된 어른들의 행동을 보고 자신도 모르게 닮아가고 있는 아이들을 보며 다시는 교회에 다닐 필요가 없다고 생각했다. 큰 소리로 "하나님, 하나님이라는 분이 계시면 왜 교회가 이럽니까? 하나님은 없어요! 다시는 교회에 오지 않을 겁니다. 지옥에 간다 해도 다시는 안 올 겁니다." 그렇게 "퉤!" 하고 교회 문 앞에 침을 뱉었다. 그리고 떠나버렸다.

– 좋으면 너나 다녀!

교회를 떠난 뒤 교회 친구들과 가끔 연락은 하고 지냈다. 다른 교회로 옮긴 친구들도 있었지만, 나처럼 교회를 완전히 떠나지는 않았다. 친구 영미는 왕십리 근처에 작은 교회로 옮긴 후 학교 친구들을 전도하였다. 그중에 나도 포함되었다. 몇 번은 놀러 간 적이 있지만, 교회를 계속 다니기 위해 간 것이 아니었다. 학생부 행사 때나 전교인 전도 축제가 있을 때면 또 오라며 계속 말하는데 싫었다. 전도는 제발 하지 않았으면 좋겠다고 생각했다.

영미는 내 말을 잘 듣지 않았다. 틈나는 대로 전도했다. 교회 이야기 하고 싶어서 입이 간질간질한지 내 기분을 살펴 가며 교회 가자고 하는데 그럴 때면 확! 패주고 싶었다. 왜 전도를 하는지 정말 이해가 되질 않았다. 좋으면 저나 다닐 것이지! 눈치가 없다 못해 사람을 괴롭힌다고 생각하니 인연을 끊고 싶었다.

전도할 때마다 "좋으면 너나 다녀! 야! 하나님이 어디 있냐? 넌 그게 믿어져? 믿어지면 너나 다녀." 앞으로 절대 나한테 교회 같이 다니자고 말하지 말라며 날 친구로 생각한다면 전도는 하지 말라고 못을 박았다.

그런데 이런 전도 활동은 친구 영미만 하는 것은 아니었다. 다니던 동네 교회에서 기타치고 찬양 부르며 시끄럽게 노방전도를 하는 모습을 보니 '밥 먹고 할 짓이 저렇게 없는지, 공부할 나이에 공부나 하지, 놀기 좋아하는 애들끼리 잘들 논다.' 그런 모습을 보며 교회를 더 부정하게 되었고 전도하는 모습을 보고 싶지 않았다. 친구와 여러 교회가 하는 전도 활동을 보면서 '교회 끊길 진짜 잘했다'라고 생각했다. 왠지 모르게 교회에 대한 거부감은 더욱 커지게 되었다. 상대방이 싫다고 하는데도 계속 자신들의 생각에 맞추려고 하는 것 같아서 교회라면 질려서 더는 마음속에 교회는 없었다.

고등학교 입학을 위해 고생하며 공부했다. 나를 믿어주신 중 3 담임선생님이 실망하시지 않았으면 좋겠다고 생각했기 때문이다. 하지만 입학 후에는 열심히 공부하지 않았다. 공부할 이유를 찾지 못하였고 나름 좋아하는 과목만 공부할 정도였다. 그렇게 고등학교를 졸업 후에 몇 개월 시간을 보내며 약국에 취직했다. 막내 이모의 친구분이 약국을 하시는 곳에 조카인 나를 소개하였다. 일이 힘들지는 않았지만, 약국 문을 일찍 열어야 했다. 손님 맞을 준비를 위해 환기도 하고 청소도 해야 했기 때문이다. 오전 6시 반이면 손님들이 물밀 듯이 많이 오셨다. 동네에 일용직 근로자들이 많아서 하루의 고된 노동을 준비하기 위해 오시는 분들이었다.

어느 날 근무 중에 갑자기 극심한 통증이 생겼다. 열두 살에 수술 이후 한 번도 다시 아픈 적이 없었는데 배가 너무 아파서 허리를 도저히 펼 수 없었다. 온몸에 식은땀이 흐르고 고통스러워서 말도 제대로 하기 어려웠다. 약사님은 너무 놀라서 부모님께 연락하셨다. 구급차에 실려 충무로 삼성제일 병원 응급실에 갔다. 응급실에 있는 동안 의사들이 진료하기 시작했다. 다른 의사가 와서 배를 눌러 보았다. 허리를 펴기 어려운 상태에서 정면을 보고 누워 무릎을 구부려 보라고 하는데 숨쉬기도 어려웠다. 그런데 배를 누를 때는 극심한 통증이 누그러지는데 의사가 손을 떼는 순간 자지러지게 아팠다. "벌써 다른 분들이 진료를 보셨으니 제발 하지 마세요." 하고 애원하였다. 의사들이 배에서 손을 떼면 너무 고통스러웠다.

진료를 보는 의사마다 이런 증상이 정상이 아니라며 누를 때 아프고 손을 떼면 안 아파야 한다는데 내 상태는 정반대였다. 몇 시간을 그렇게 진료를 했는지 온몸은 녹초가 되었고 정신까지 혼미하였다. 숨은 가쁘고 열은 계속 올랐다. 그 당시 삼성제일 병원에 이런 증상을 검사할 장비가 없어서 다른 병원으로 가야 했다.

옮긴 병원에서 다시 진료를 보며 의사의 손이 떨어지는 순간이 끔찍하게 두려웠다. 차라리 배 위에 무거운 돌이라도 올려놓고 제발 손을 떼지만 않았으면 좋겠다고 생각했다. 그런 딸의 모습을 보시는 부모님은 얼마나 애가 타셨을까? 너무 무서우셨을 것이다. 통증의 원인도 알 수 없고 어떤 치료를 받아야 고통에서 벗어날지 몰랐기 때문에 나도 무서웠다.

진료 후 유명하신 산부인과 의사 선생님이 부모님께 내 상태를 말씀해 주셨다. 수술을 해보아야 알겠지만, 뱃속에 염증이 심한 것 같다고 하였다. 열두 살 아이였을 때는 아무것도 모르고 수술을 했다. 하지만 이제 갓 성인이 된 후에 산부인과 수술을 다시 해야 하는 상황이 너무 싫었다. 당시 스무 살 정도의 여자가 산부인과에 진료를 받는 경우는 드물다고 생각했다.

그때부터 다시 자신에 대한 존재를 더 부정적으로 생각하게 되었다. 열두 살에 한 수술로 끝인 줄 알았지만 스무 살 이후로 여러 번 수술을 반복하였다. 맞벌이하시는 부모님은 바쁘셨다. 병원비를 마련하셔야 했고 동생들까지 내 걱정을 할 수밖에 없으니 가족들에게 끝없이 짐 같은 나 자신이 싫었다. 부모님께 너무 죄송하고 동생들한테 면목도 없고 미안했다. 자식이 나만 있는 것도 아니고 동생들에게 골고루 돌아가야 할 관심과 사랑이 계속 나에게 집중되니 말이다.

병원에서는 치료 방법과 재발 여부에 대해 속 시원한 답변을 하기 어렵다고 하였다. 염증이 계속 생기는 자궁을 떼라고 할 수 없으니 심각할 때마다 수술하거나 치료를 받아야 한다고 하였다. 기가 막혔다. '도대체 나란 인간은 어쩌다 이렇게 살고 있는지, 언제 끝이 나는지, 과연 나을 수 있을까?' 하는 의문뿐이었다. 역시 난 쓸모없는 인생이라 생각했다.

- 난임 통보

스무 살에 두 번째 수술 후 아이를 갖지 못할지도 모른다고 불안한 생각이 들었다. 그래서 '내 인생에 남자는 없다.'라고 생각했다. 부모님을 보니 행복해 보이지 않았다. 딱히 남자를 좋아하지 않아서 결혼할 생각이 더 없어졌다. 뜻하지 않게 스물여섯 1월에 여동생과 여동생 상사의 주선으로 소개팅하게 되었다. 처음 만나는 자리라 약간 어색했지만 금방 편안해졌다. 남자에 관심도 별로 없고, 결혼은 전혀 생각도 없었기 때문에 한번 보고 말 생각이었다.

저녁 식사 후 자리를 옮겼다. 왠지 모르게 상대가 참 편안했다.

그런데 처음 만난 날 자신과 가족 이야기를 하는 남자를 보며 의아했다. 상대는 결혼을 전제로 만나려 하는 것 같아서 솔직히 부담스러웠지만 선한 인상에 성실하고 정직해 보여서 호감이 갔다. 그 후로 계속 만나게 되었고 시간이 지나 결혼 이야기까지 하게 되었다.

결혼을 앞두고 정기 검진을 하기 위해 병원에 갔다. 몇 년 동안 별 탈 없이 지내온 터라 검사만 받을 생각이었다. 주치의 선생님께 결혼 소식을 알려 드렸다. 축하 말씀을 듣는 것도 잠시 검사결과를 보신 후 부모님을 모시고 병원에 다시 오라고 하셨다. 어떤 상태인지 먼저 알려 달라고 하자 다시 수술해야 한다고 하셨다.

부모님께 말씀드리기 어려웠다. 마음 한구석에 늘 불안함이 있었다. 언젠가 다시 수술할 수도 있다고 생각했기 때문이다. 부모님께 병원에서 들은 대로 말씀드리고 함께 병원에 갔다. 결혼할 딸이 또 수술해야 하는 데다 심각한 난임이라는 말에 부모님의 마음은 무너져 내렸다. 딸이 겪어야 할 심적, 육체적 고통에 몹시 힘들어하셨다. 생식기 기형이라는 것을 그때 알았다. 결혼을 앞둔 딸이 엄마가 될 수 없다는 말에 부모님은 얼마나 가슴이 아프셨을까?

아빠가 남자친구에게 내 사정을 말하겠다고 하셨지만 거절했다. 부모님이 나 때문에 초라한 모습을 보이는 것이 싫었다. 약 3개월 후 결혼이었다. 헤어지면 무척 힘들 거라는 생각을 했지만, 결혼은 현실이다. 양가가 걸린 문제이기 때문에 결단이 필요했다. 병원에서는 배우자 될 사람에게 빨리 사실을 알리라고 하였다. 남자친구에게 일단 전화로 수술해야 한다고 말했다.

다음 날 남자친구가 병원에 왔다. 수술하게 된 경위와 수술 후 임신이 거의 불가능할 거라는 말을 할 때 남자친구의 표정은 무척 착잡해 보였다.

"아무런 걱정하지 말고 수술 잘 받아. 너를 보고 결혼하는 거지 아이는 입양할 수 있어."라는 말에 너무 미안했다. 마음을 비우기로 했다. 결혼 후에 난임을 아는 것과 결혼 전에 아는 것은 천지 차이이기 때문이다. 남자친구에게 미련을 버리기로 했다.

수술 전날 많은 생각을 했다. 지금 내가 할 수 있는 것과 할 수 없는 것 중에 할 수 있는 것은 마음을 비우는 것이었다. 급하게 수술을 하게 되어 오히려 잘 됐다. 생각할 시간이 적으니까. 내 아픔이 가장 크다고 생각하지만, 오히려 다른 사람에게는 사치일 수도 있겠다는 생각을 하며 잠을 잤다. 돈이 없어서 치료도 제대로 못 받는 사람이 같은 병동에 있었기 때문이다. 처치실에서 지내는 분이었다. 그래도 '평범한 것이 이렇게 힘이 들까? 다른 사람들은 만나서 결혼하고 아이 낳고 건강하게 사는 것 같은데 왜 나는 아닐까?' 부모님은 내 앞에서는 울지도 못하고 병실 밖에서 울고 계셨다. 부모님께 정말 죄송했다.

수술 당일 기쁜 마음으로 수술대에 올랐다. 시간이 지난 만큼 과학기술도 발달했으니 이번에는 나을 거라는 기대를 했다. 수술 후 제일 반겨 준 사람은 제부였다. 회복실에서 나온 나를 보고 손을 꼭 잡고 고생했다며 위로해 주었다. 남자친구는 일을 최대한 빨리 끝내고 서둘러 왔다. 나는 마음을 비운 터라 잠을 잘 잤는데 남자친구는 아니었다. 하루 사이에 얼굴이 반쪽이 되었다. 잠을 설친 것 같았다. 여자친구가 난임이라는 소식을 부모님께 말씀드리지 않았다. 착잡했다. 남자친구가 불쌍하다는 생각이 들었다. 발목 잡는 것은 아닌지 머릿속이 복잡했다.

부모님에 이어 이제는 남편 될 사람에게 짐이 옮겨진다는 생각이 머리에서 떠나지 않았다. 내 인생에 무언가를 갖는다는 것은 욕심인가보다. 나 자신이 아무에게도 짐이 아니었으면 좋겠는데 현실은 그렇지 않았다.

– 날아가 버린 꿈

2002년 1월 26일 결혼했다. 눈이 많이 내리는 날이었다. '아픈만큼 성숙해진다'라고 둘 사이에 시련을 겪은 만큼 사랑도 커졌다. 하지만 마음 깊이 '난임'이라는 걱정은 사라지지 않았다. 몇 개월 늦게 결혼한 친구가 임신했다는 소식을 들으며 정말 부러웠다. 남편은 내가 난임이라는 것을 알고 결혼했지만, 남편 친구들과 내 친구들 가정에 아이들이 태어나고 자라는 소식을 듣고 볼 때면 면목이 없었다. 부부 모임에서 다들 아이 이야기를 하는데 할 말이 없었다. 간절히 엄마가 되고 싶었다. 기다림이 큰 만큼 영영 엄마가 될수 없을까 봐 불안했다.

아이를 기다리다 보니 더 아이가 생기지 않았다. 그럴수록 조급해졌다. 그해 5월 평소와 몸이 달랐다. 결혼 후 한 번도 겪어보지 못한 나른함과 한기를 느꼈다. 혹시나 하는 마음에 임신테스트를 해보았다. 설명서를 여러 번 읽으며 두 줄이면 임신! 지금까지 몇 번 테스트해 보았지만, 번번이 임신이 아니었다. 그런데 그날은 두 줄을 확인하는데 시간이 정지된 것 같았다. 몇 초가 너무 길었다. 드디어 임신이었다. 나도 엄마가 된다! 감정이 복받쳐서 많이 울었다.

그동안 남편도 얼마나 마음을 졸였을까? 남편은 결혼 후에도 시부모님께 내 몸의 상태를 말씀드리지 않았다. 임신 소식을 말씀드릴 수 있어서 우리는 한 없이 기뻤다. 병원에 가 보니 임신 초기였다. 확실하게 확인 후에 양가 부모님께 말씀드렸다. 그동안 아들 내외에게 손주를 기다리신다는 내색은 안 하셨지만, 세상을 다 얻은 것 같다고 하셨다. 우리도 그랬다. 그해 우리나라가 월드컵 4강에 진출했다. 온 나라가 축제일 때 우리도 그랬다.

두 번째 진료를 받는데 심장 소리가 두 개라며 쌍둥이라고 하였다. 한 명인 줄 알았는데 쌍둥이라니 기쁨이 배가 되었다. 가족들이 소식을 듣고 신기해하며 무척 기뻐했다. 남편은 태교책을 사서 정성을 다해 태교했다. 두 아이에게 태명을 지어주자며 한 명은 기쁨, 다른 아이는 사랑이라고 불렀다. 아빠 목소리가 태교에 좋다며 퇴근 후에 동화책을 읽어주고 태명을 부르며 배 마사지를 하는 모습이 정말 행복해 보였다.

배가 점차 부르자 아이들이 꿈틀거리기 시작했다. 우리는 무척 신기해하며 두 아이와 대화하였다. 그동안 잘 먹고 잘 자고 편안했다. 그런데 28주에 접어들자 배가 아프기 시작했다. 진통이 멈추지 않아서 다니던 병원 응급실에 갔다. 검사결과 지금 아이들을 낳으면 살기 어렵다고 하였다. 슬퍼하지 않기로, 두려워하지 않기로 하였다. 나와 아이들은 한 몸, 한마음이기 때문에 흔들리면 안 된다. 아이들을 위해서라면 무엇이라도 견디기로 굳게 마음먹었다.

임신하면서 결심한 것이 있다. 생명에 책임을 지고, 태아의 안전을 위해서라면 아무리 힘들어도 반드시 참아 내리라! 임신이 어려웠기 때문이다. 병원에서는 조산할 확률이 매우 높다고 하였다. 엄마 배 속에서 며칠이라도 더 있는 것이 태아에게 큰 영향을 미치기 때문에 출산을 미뤄야 한다고 하였다. 의료진들은 진통 억제제를 쓸 때 태아에게는 해가 되지 않지만, 산모가 위험할 수 있다고 말하자 남편은 주저하였다. 분명 괜찮아질 거라고 남편을 달래기 시작했다.

진통 억제제를 맞은 후 잠을 잘 수가 없었다. 어지럽고 숨쉬기 힘들었다. 퇴근 후 남편은 내 상태를 살피며 불안해하였다. 떠는 모습을 보고 춥냐며 이불을 덮어 주었다. 심장이 터질 듯하게 뛰었고 온몸이 떨렸다. 며칠이 지나도 진통이 줄어들지 않았다. 처음에는 약물 때문에 잠을 못 잤지만 잠시라도 자는 동안 출산하게 될까 봐 잠을 자지 않았다. 그만큼 내 몸 상태가 좋지 않았기 때문이다.

병원에서는 산모가 더 버티기 어려울 거라며 남편에게 여러 번 전화했다. 산모 심장이 멈출 수도 있다는 말에 남편은 결단해야 했다. 며칠간 잠을 자지 않고 버티고 있었는데 그날따라 잠이 몰려왔다. 잠깐 눈이 감겼다고 생각했는데 눈을 떠보니 병실이 바뀌어 있었다. 본능적으로 배를 만지니 꺼져 있었다. 아이들 어떻게 됐냐고 남편에게 물었다. 빨리 알려 달라고 재촉하자 아이들이 조금 아프다며 치료 중이니까 괜찮아질 거라고 하였다. 그런데 표정이 어두웠다.

2002년 12월 3일 오후에 두 아이가 태어났다. 사랑이는 그날을 넘기지 못하고 떠났다. 어린 핏덩이를 화장하고 온 남편의 얼굴은 눈물범벅이었다. 남편은 놀라지 말라며 말을 했지만 나는 순간 제 정신이 아니었다. 하지만 계속 슬퍼할 수 없었다. 아직 남아있는 아이를 살리기 위해서라면 정신을 차려야 했다. 텅 비어버린 배를 만지며 하염없이 울었다. 남은 한 아이라도 살게 해 달라고 기도하고 싶었다. 하지만 누구에게 뭐라고 기도해야 할지 몰랐다. 열두 살 첫 수술 후 기도해주신 목사님이 생각났다. 남은 아이를 위해서 목사님께 기도 좀 해달라고 엄마를 통해 부탁드렸다.

다음 날 새벽 사모님을 통해 하나님께서 두 아이 다 거두신다며 포기하라는 말을 들었다. 안된다. 그런 일은 절대 일어나지 않을 거라고 부정했다. 이제 나에게 남은 목표는 오직 남은 아이를 살리는 것! 기쁨이는 신생아 집중 치료실에 있었다. 남편은 아내에게 아이를 보여주지 말라고 당부했다고 한다. 계속 치료를 받고 있었지만, 병원에서 아이가 살 가망이 없다고 했기 때문이었다. 나는 그런 사실을 전혀 몰랐다. 자식을 낳고 한 번도 보지 못하니 미칠 것 같았다. 치료실 앞에 다가가면 커튼이 닫히기 일쑤였다. 딱 한 번만이라도 보게 해달라고 간청하자 건강한 모습으로 오라고 하였다.

출산 후 다시 수술했기 때문에 몸 상태가 엉망이었다. 하지만 기쁨이를 보기 위해 모든 것을 참아 내기로 했다. 치료도 적극적으로 받고 넘어가지 않는 밥도 먹었다. 건강한 모습으로 보이기 위해 수액제를 잠시 떼고 신생아 집중 치료실에 딱 한 번이라도 볼 수 있게 부탁했다. 아이를 보는 순간 무너졌다. 머리부터 발끝까지 가녀린 혈관에 주삿바늘들이 꽂혀 있었다. 담당 간호사님이 엄마가 울면 아이가 느낀다며 마음 강하게 먹으라고 말했다. 건강하게 다시 만날 날을 기약하며 마음을 다독였다. 하지만 눈물을 주체할 수 없었다.

기쁨이는 하루에 몇 번씩 생사를 오갔다. 다시 볼 수 있을 거라고 기대했지만, 아이를 볼 수 없었다. 그 작은 몸으로 딱 14일을 살고 떠났다. 그때부터 미쳤으면 좋겠다고 생각했다. 온종일 사자처럼 울부짖었다. 기억이 없어지길, 차라리 죽었으면 좋겠다는 생각이 어느 때보다도 간절했다. 두 아이가 먼저 세상을 떠난 후에도 병원에서 더 치료받아야 했다. 치료를 받아서 무엇하나, 뜬눈으로 밤새며 눈이 제발 떠지지 않기를 빌고 또 빌었다. 그런데 아침은 어김없이 왔다. 사는 것이 지옥이었다.

텅 빈 배를 만질 때마다 눈물이 났다. 가족들 누구도 아이 이야기를 할 수 없었다. 먼저 결혼해서 두 아이를 키우는 여동생은 나를 볼 때마다 눈시울이 붉어졌다. 물론 양가 부모님의 상심도 컸다. 아이들을 위해 준비했던 옷가지, 신발, 선물 받은 물품들은 남편이 미리 다 정리했다.

몸을 추스르고 나서 다시 회사에 출근했다. 퇴원 후 집에 도착하자 아이들에 대한 기억이 더 살아났다. 회사에서 회의 중에 아이 그림이 있는 사진을 볼 때면 눈물을 멈출 수가 없었다. 집에 있으면 죽을 것 같아서 회사에 나갔지만 다른 사람들에게 피해를 주는 것만 같아 그만두었다. 이제 갈 곳이 없어졌다. 시부모님과 가까운 거리에 살고 있어서 동네 분들은 쌍둥이 볼 수 있을 거라며 인사를 했는데 이제 아무한테도 아이 이야기는 할 수 없었다. 밖에 나갈 때마다 배를 보는 것 같아 나갈 수 없었다.

언제 아침이 되고 눈을 뜨는지, 언제 밤이 되어 눈을 감는지, 하루가 어떻게 돌아가는지 감각이 없었다. 남편이 너무 불쌍했다. 내 비밀을 간직한 채 결혼한 남편에게 면목이 없었다. 간절히 아이를 기다린 남편에게 너무 미안했다. 처음부터 만나지 않았더라면, 건강한 다른 여자와 결혼했더라면, 내가 병이 없었더라면, 결혼 전에 헤어졌더라면 돌이킬 수 없는 생각을 했다. 거울을 볼 때면 "너는 왜 사니? 죽는 게 낫다!"라는 말로 매일 자신을 죽이며 살았다. 날마다 죽고 싶었지만, 남편에게 더 큰 상처를 줄 수 없었다. 자살하자니 남편이 살면서 겪을 고통이 두려웠다. 억지로 밝은 척하며 살다 보니 마음에 병이 들었다.

우울증이 무엇인지 몰랐다. 그런데 마음의 깊은 상처를 누르고 살다 보니 환각과 환청에 시달릴 때도 있었다. 자다가 숨이 멈출 때도, 심장이 너무 빨리 뛸 때도 있었다. 똑같이 슬퍼할 남편에게 내 슬픔을 드러낼 수 없었다. 남편이 출근 후에 나는 할 일이 없었다. 커튼을 치고 거실에 우두커니 앉아 정신을 놓을 때가 많았다. 남편은 계속 혼자 있으면 더 우울해질 수 있으니까 아르바이트를 권했다.

약국에서 일하며 안정을 찾는가 싶었다. 하지만 엄마와 아기 손님이 오면 심장이 떨리고 온몸에 식은땀이 흘렀다. 일주일에 삼일은 약국 창고 방에서 쉴 수밖에 없었다. 배려해 주시는 약사님께 죄송했다. 아무리 애를 써도 지워지지 않는 두 딸이 더 그리워졌다. 그래도 하루를 해치웠다는 생각에 집에 갈 때면 안심이 되었다. 매일 밤 공중에 소리 없이 소리쳤다. 내일이 제발 나에게는 오지 않기를! 그러나 눈을 떠 보면 다시 아침이었다. 사는 낙이 없는 인생이 목숨은 왜 이리 질긴지 죽는 것도 마음대로 되지 않았다. 산 송장으로 사는 나날이 빨리 끝나기만 간절히 바랐다.

— 남편의 눈물

아이들을 잃은 후 약 2년이 흘렀다. 슬픔은 조금 누그러졌지만, 우울증이 없어진 것은 아니었다. 약국에서 근무 중에 한기가 들었다. 점심으로 먹은 김밥에 체를 했는지 점점 몸이 떨리고 추워서 다른 날보다 일찍 퇴근하였다. 전철을 타고 집에 가는데 너무 떨려서 기절할 것 같았다. 집에 도착 후에 주체할 수 없을 정도로 몸이 떨려서 응급실에 가려고 하였다. 남편은 회식이라 연락이 되지 않아서 여동생과 119에 전화를 했다.

잦은 병치레로 심상치 않다는 것을 직감했다. 체온을 재보니 40도가 넘었다. 허리를 펴기 힘들고 옆구리가 심하게 아팠다. 옆구리를 친 순간 악! 소리가 저절로 나왔다. 급성신우신염인가 하고 응급실에 가기 위해 옷을 입는 중에 기절했다. 한참 후에 일어나 보니 침대에 쓰러져 있었다. 밖에서 계속 문을 두드리는 소리에 일어나 보니 놀란 여동생 내외가 있었다. 뒤늦게 남편이 왔는데 소리가 잘 들리지도 않고 원근감이 없었다. 남편과 동생 내외는 너무 놀란 상태였다. 말이 제대로 나오지 않았다. 동생 내외는 내 상태를 한참 동안 살핀 후 괜찮아진 것을 확인 후 집에 갔다.

다음 날 아침 남편과 가까운 병원에 갔다. 간밤에 증상을 말했더니 의사 선생님은 남편을 크게 야단쳤다. 급성신우신염을 제때 치료하지 않으면 죽을 수도 있다고 하자 남편은 무척 놀랐다. 그 무렵 왼쪽 아랫배가 계속 아파서 큰 병원에 가 보았다. 단순히 검사받으려고 갔는데 의사 선생님의 표정이 어두웠다. 왼쪽 나팔관과 난소에 고름이 가득 차 있는 데다 자궁 기형이 심하다고 하였다. 일단 복강경으로 뱃속을 본 후에 근본적인 수술을 할지 결정하겠다고 하였다. 의료진으로서도 어려운 수술이 될 수 있다고 하였다.

병원에서 남편에게 이번 수술이 잘 되면 좋겠지만, 반대일 경우 부인을 다시 못 볼 수도 있다고 하였다. 여러 번 수술해서 의례적으로 의사들이 하는 말이라고 생각했다. 하지만 그만큼 몸 상태가 좋지 않았다. 남편은 염증이 재발할 때마다 치료를 받으면 안 되겠냐며 나를 설득했다. 우는 남편을 보며 할 말이 없었다. 남편에게는 내가 전부고 나에게는 남편이 전부였다. 이번 기회를 놓친다면 계속 수술을 해야 할 것 같았다. 마지막 수술이라 생각하고 반드시 살아서 돌아오겠다고 남편을 안심시켰다.

수술 당일 마음이 무척 가벼웠다. 마지막 수술에 대한 기대도 있었지만, 내가 할 수 있는 일이 아무것도 없었기 때문이다. 다행스럽게도 수술은 대성공이었다. 의료진들도 무척 고심하며 수술이 잘되기를 바랐다고 한다. 태어날 때부터 기형이었던 뱃속을 서른에 고쳤다. 새로운 몸이 되었다. 남편은 시부모님께 수술 사실을 알리지 않은 채 수술이 끝나기만을 기다리고 있었다. 얼마나 불안하고 힘들었을까? 남편은 내게 특별한 선물이다. 어떤 경우에도 남편을 외롭게 하지 않겠다고 다짐을 했다.

하나님
진짜예요?

3장

3

하나님 진짜예요? 정말이에요?

하나님
진짜예요?

3
하나님 진짜예요?
정말이에요?

– 딱, 한 번 만이에요!

2005년 12월 21일 이사 전날 밤에 갑자기 기도가 나왔다. "저
내일 이사해요. 내년부터는 꼭 하나님 찾아뵐게요. 좋은 교회 만나
게 해 주세요." 왜 그랬는지 알 수 없지만 짧은 기도 후에 마음이 편
했다. 그동안 잠을 자도 잔 것 같지 않고 여러 번 깨고 가위에 눌릴
때가 많았지만, 이삿날 아침 기분이 상쾌했다.

이삿날은 무척 추웠다. 이른 아침부터 이삿짐을 챙기는데 정신

이 없었다. 하지만 마음속에 묘한 기대가 생겼다. 새로운 곳으로 떠나 새로운 일이 생길 것 같다는 막연한 기쁨이 있었다. 이사한 곳은 주택청약으로 분양받은 아파트였다. 넓고 깨끗한 새집에서 새롭게 시작한다는 기쁨에 설렜다. 이사 후 아파트 근처에 교회 천막들이 보였다. 어제 기도한 것은 까마득하게 잊고, 교회 천막을 보는 순간 기분이 좋지 않았다. 예수쟁이들!

이삿짐을 정리하느라 정신이 없었다. 문을 열고 청소를 하는데도 새 아파트에서 나는 냄새와 먼지 때문에 힘들었다. 이사 축하한다며 인사하는 교회 분들이 선물을 놓고 가는데 너무 부담스러웠다. 가져가시라고 했지만 축하드린다며 다음에 또 오겠다고 하는데 서서히 짜증이 나기 시작했다. 그렇게 몇 교회가 다녀갔다. 한참 후 엘리베이터에서 나온 두 사람이 집에 들어온다는 것을 알게 되었다. 순간 심한 거부감이 들었고 절대 이 사람들이 집에 들어오면 안 될 것 같은 생각이 강하게 들었다.

두 분은 보온병에 커피를 들고 오셨다. 잠시 쉬면서 따뜻한 커피 마시라고 하는데 말을 하지 않았다. 마스크를 내리지 않고 계속 청소하였다. 거부감의 표시였다. 마음속으로 경계하고 있었다. 상냥하게 웃으며 이사 축하한다는 말을 하는데 두 분이 빨리 나갔으면 좋겠다는 생각뿐이었다.

남편이 커피 한잔 마시고 쉬자는 말에 잠시 마스크를 내리고 커피만 마셨다. 남편과 두 분이 대화하는 동안 나는 한마디도 말하지 않았다. 교회 다니면 참 좋다고 말씀하시며 아이 이야기를 하셨다. 두 분 중 한 분은 몇 년간 아이들이 없었는데 지금 다니는 교회에서 기도하며 시험관으로 딸 쌍둥이를 낳았고 현재 초등학교 4학년이라고 하셨다. 교회 사람들은 별말을 다 한다고 생각했다. 다음에 또 오겠다는 인사에 아무런 뜻 없이 "네."하고 대답했다.

며칠 후 이삿날 뵀던 집사님 한 분이 다른 분과 함께 벨을 누르고 인사를 했다. 형식적인 대답이었는데 다시 오시자 귀찮고 싫었다. 잠깐 인사만 드리고 가겠다는 말에 들어오시라고 했다. 문이 열리는 순간 처음 보는 분 눈에서 레이저가 나오는 것 같았다. 전도사님이라고 소개를 하는데 사람을 꿰뚫어 보는 것 같은 강렬한 눈빛이었다. 그 순간 졌다는 생각이 들었다. 그분은 웃고 계셨지만 단호

한 표정이었다. 손님으로 오셨으니 예의상 차를 드리며 "10분만 시간이 된다."고 말했다.

이삿날 너무 쌀쌀맞게 대한 것 같아 죄송하다고 말씀드렸다. 두 분은 이삿날 피곤하고 신경이 많이 쓰였을 거라며 괜찮다고 말씀하셨다. 내 손을 잡고 어루만지시며 좋은 일이 있을 거라고 말씀하셨다. 분명 교회와 교인을 정말 싫어했다. 그런데 조금 긴장이 누그러졌는지 두 분에게 그동안의 아픔을 나도 모르게 말했다. 10분이 아니라 어느새 두 시간이 넘었다.

마음의 깊은 상처를 가족이나 친구들에게 말할 수 없었다. 모두에게 큰 상처였기 때문이다. 그런데 두 분이 내 이야기를 들으시며 너무 가슴 아파하셨다. 얼마나 힘들고 괴로웠냐며 너무 마음이 아프다고 우셨다. 나에 대해 알지도 못하는 두 분이 남의 상처에 공감하며 우시는 모습에 의아했다.

바쁘신 두 분을 붙잡아 놓은 것 같아 죄송했지만, 이상하게 마음이 편안해졌다. 마음에 단단한 응어리가 풀어진 것처럼 홀가분했다. 두 분이 기도해주셨다. 마음이 조금은 밝아진 것 같았다. 마치 나에 대해 아는 것처럼 두 분이 하시는 기도가 신기하면서도 무서웠다.

하나님이 정말 많이 사랑하시고 기다리신다고 하였다. 믿어지지 않았다. 하나님이 계신다면 힘들고 외로울 때 뭐 하고 계셨냐고? 왜 내 인생이 이러는지 궁금했다. 두 분은 그날 이후 교회에 가자고 몇 번 더 오셨다. 고맙긴 했지만, 교회에 가고 싶지는 않았다. 그러다 2006년 1월 1일 새해 첫 주 딱 한 번만 가기로 약속을 했다. 가지 않으면 계속 오실 것 같았다. 하필이면 전도 텐트가 우리 동 바로 앞에 있어서 외출 때 피할 수도 없었다. 마음이 정말 불편했다. 시부모님께서 새해를 함께 보내시기 위해 우리 집에 오셔서 약속날짜에 교회에 가지 못했다.

1월 8일 딱 한 번만 가겠다는 다짐을 하고 교회에 갔다. 약속했으니 안 갈 수 없었다. 교회를 떠난 후 15년 만이었다. 교회에 가까워질수록 속이 메스꺼웠다. 임신 때에도 입덧을 거의 하지 않았는데 이상한 일이라고 생각했다. 교회 성전에 앉는 순간 눈물이 하염없이 나왔다. 첫 마디가 "하나님 아버지, 아버지께서 진짜 제 아버지시군요! 아버지, 아버지 이제야 와서 죄송해요."였다. 한 번도 하나님을 아버지라고 불러본 적이 없었다. 처음 간 교회에서 계속 눈물이 나와 창피했다. 그런데 마음속에서 내가 아닌 누군가가 울고 있다는 느낌이 들었다. 그때는 그게 회개인지 전혀 몰랐다.

아이들을 잃은 후 3년 반 동안 숨쉬기 불편했다. 부정맥으로 왼쪽 가슴을 눌러야 할 때가 많았다. 그런데 그날 기적이 일어났다. 예배 중에 얼음이 가득한 파란색 바가지를 쥔 큰 손이 환상으로 보였다. 바로 심장에 붓는데 너무 깜짝 놀랐다. 심장이 떨어지는 것 같았지만 답답한 숨이 순식간에 가벼워졌다. 그 후로 숨이 전혀 차지 않았다. 신기했다. 예배 후 집에 가는데 바람, 꽃, 나무가 노래하는 것 같았다. 교회학교에서 들은 말이 생각났다. 만물이 하나님을 찬양한다고 하더니 진짜 그랬다. 정말 행복했다. 살 맛이 나고 하늘을 날 것 같은 느낌이었다.

그때까지 한 번도 경험해 보지 못한 기쁨이었다. 그때는 몰랐지만, 그날 성령님께서 나를 찾아오셨다. 구원의 감격으로 가슴이 벅

찼다. 2006년 1월 8일, 예수님을 인격적으로 만난 날 더는 죽고 싶은 생각이 들지 않았다. 정말 행복하게 살고 싶은 생각이 들었다.

- 하나님 저 미치겠어요!

목사님께 예배 때 일어난 일을 말씀드리자 성령이 고치셨다고 했다. 초등학생 때도 이런 일은 있었지만, 그때는 감격이 되지 않았다. 이번에는 기쁨이 넘쳤고 하나님께 진심으로 감사드렸다. 교회에 너무 가고 싶어서 주일을 손꼽아 기다렸다. 구원의 감격으로 매일 기뻤다.

전도하신 집사님이 수요예배에도 와보라고 하셔서 1월 18일 첫 수요예배를 드렸다. 예배 중에 갑자기 사랑하는 남편을 위해 기도해야겠다는 생각이 들었다. 기도를 얼마 동안, 어떻게 해야 할 줄 몰랐다. 보통 백일 동안 하는 줄 알고 바로 내일부터 기도하겠다고 다짐을 했다. "저 혼자 천국에 갈 수 없어요. 남편도 꼭 구원해 주세요. 저보다 훨씬 착해요" 하나님께 간절히 말씀드렸다. 하나님이 듣고 계실 것 같아서 무척 기대되었다.

집사님께 백일 동안 남편의 구원을 위해 기도하기로 했다고 말씀드리자 처음 교회 온 사람이 어떻게 백일을 기도하느냐고 하셨다. 그래도 함께 기도하자고 하셔서 감사했다. 예배를 드린 후 집에 가는데 신이 났다. 남편과 함께 교회에 다닐 거라는 기대로 말할 수 없이 기뻤다.

그날 밤 꿈을 꿨다. 침대에 엎드려 남편을 위해 기도하고 있었다. 갑자기 어떤 세 정체가 나타나 기도하지 못하도록 온몸을 꽁꽁 묶었다. 어릴 때부터 무서운 꿈을 많이 꿨지만, 그날은 공포 그 자체였다. 남편이 곧 출근하면 도저히 집에 혼자 있지 못할 것 같았다. 남편을 배웅하면서 산책한다고 말했지만 사실 너무 무서워서 미친 듯이 교회에 갔다.

새벽에 기도할 거라는 생각을 해 본 적이 없었는데 그날부터 새벽기도가 시작되었다. 넋이 나갈 정도로 너무 무서웠다. 성전 의자에 앉아서 아무것도 할 수 없었다. 계속 하나님께 무섭다는 말만 했다. 새벽기도 시간이 지나자 교회에 사람이 거의 없었다. 집에 갈 생각을 하니 두려웠다. 낮에는 전도 텐트에 있었다. 집에 가야 할

저녁이 가까워지자 겁이 났다. 저녁 준비를 하고 빨리 남편이 오기만을 기다렸다.

　하나님을 믿으면 기쁜 일만 있을 줄 알았다. 그런데 기쁨도 잠시 밤마다 두려웠다. 거의 뜬 눈으로 날을 샐 때가 많았다. 자려고 누우면 꿈에서 본 정체들이 계속 생각났다. 남편은 옆에서 곤히 자는데 나는 두려움에 떨었다. 한 달 이상 잠을 제대로 자지 못하자 미칠 것 같았다. 어릴 때 다녔던 교회 집사님이 미친 모습을 보았기 때문에 '나도 미치는 거 아닐까?'라고 생각했다. 힘이 센 남자들이 그 집사님 한 분을 이기지 못했다. 그리고 험한 욕을 하며 무섭게 소리를 질렀다. 나도 그렇게 미치는 게 아닐까 하는 생각에 하나님을 믿기 전보다 더 두려웠다.

　어릴 때부터 내 주변에 무언가 있다는 생각을 했다. 귀신에 쫓기는 무서운 꿈을 꾸었고 가위에 눌릴 때도 많았다. 어른들은 키 크려고 해서 그런 거라며 대수롭지 않게 말씀하셨다. 하지만 나에게는 실제였다. 가위에 눌린 후 일어날 때 무척 힘들었다. 밤에 잘 때 너무 무서워 여동생 살이라도 닿아야 할 정도였다. 성인이 되어서도 혼자 집에 있을 때면 무서웠다. 아이들을 잃은 후 밤에 대한 두려움은 더 커졌다.

남편이 일찍 오는 날은 그래도 안심이었지만, 회식이 있는 날은 두려웠다. 밤늦게 혼자 집에 있을 때는 더 공포가 밀려왔다. 목사님과 전도사님, 집사님께 사정을 말씀드리자 마음에 주인이 바뀌어서 영적 전쟁이라고 하시며 기도해주셨다. 너무 두려워하지 말고 그럴수록 성경 말씀 읽고 찬양하라고 하셨다. 기도해 주신대로 나도 예수님의 이름으로 두렵게 하는 귀신을 계속 쫓았다. 그런데 쫓으려고 하면 더 두려웠다. 나가려고 하지 않는 것 같았다.

예배 때 목사님께서 자주 예수님 이름의 권세와 보혈의 능력에 대해 말씀하셨다. 예수님이 이미 십자가에서 마귀를 이기셨으니 반드시 귀신이 떠난다며 계속 기도하라고 하셨다. 하지만 공포 때문에 심장이 멈출 것 같았다. "하나님 저 미치면 어떻게 해요? 어디 계세요? 저 사랑한다고 하셨잖아요! 왜 혼자 두세요? 도와주세요!" 긴 밤 두려움에 떨며 기도했다. 기도라고 하기보다는 울부짖음이었다.

교회학교 때 부른 '내 주의 보혈은' 이 생각나서 매일 수십 번

반복해서 불렀다. 처음에는 무슨 뜻인지 모르고 불렀지만 조금씩 마음이 편안해졌다. 가사의 뜻을 생각하면서 부르자 힘이 생기는 것 같았다.

교회에 다니게 되자 할 일이 많아졌다. 기도도 하고 말씀도 읽으라고 하였다. 전도사님이 요한복음을 읽어보라고 하셨다. 도대체 무슨 말인지 이해가 되지 않았다. 그래도 끝까지 참고 다 읽은 후 이사야를 읽어보고 싶었다. 두려움에서 벗어나기 위해 더 성경을 읽었다. 무슨 말씀인지 너무 어려웠다. 그날도 잠을 잘 수 없었다. "하나님 저 진짜 무서워요. 저 좀 살려 주세요. 하나님 몰랐을 때가 더 편했어요. 차라리 예전으로 돌아가고 싶어요." 하나님께 계속 말씀드리며 성경을 읽는 그 순간 말씀 한 절이 내 안으로 확 들어오는 느낌이었다.

[이사야 41장 10절]
"두려워하지 말라 내가 너와 함께 함이라 놀라지 말라
나는 네 하나님이 됨이라 내가 너를 굳세게 하리라
참으로 너를 도와주리라 참으로 나의 의로운 오른손으로
너를 붙들리라"

살면서 이런 일은 처음이었다. 글씨가 살아서 덩어리째 내 속에 들어오는 느낌이었다. 말씀대로 진짜 하나님이 나와 함께 하신다고 하는데 왜 계속 무서운지 알 수 없었다. 그 후로 밤마다 이사야 41장 10절 말씀을 의지하며 계속 읊조렸다.

전보다 조금은 덜 무서웠다. 목사님께서 설 이후 새해를 맞아 전 성도 3일 금식 기도회를 한다고 하셨다. 나를 딸처럼 아껴주신 집사님이 금식기도를 위해 기도로 준비하자고 하셨다. 다른 분들처럼 오래 기도하고 싶었다. 금식기도를 하며 오래 기도할 수 있게 해 달라는 것, 두려움에서 벗어나게 해 달라는 것과 남편 구원을 위해 기도하겠다고 결심했다. 그때 욥기를 읽으며 말씀을 붙잡고 기도했다.

[욥기 23장 10절]
"그러나 내가 가는 길을 그가 아시나니
그가 나를 단련하신 후에는 내가 순금같이 되어 나오리라"

금식 기도회에 대한 기대가 컸다. 하나님께서 내 기도를 들어주실 것 같다고 생각했다. 3일간 전체 금식을 권장하지만 힘든 사람은 하루 아니면 하루 한 끼 중 금식을 해도 된다고 했다. 처음 하는 금식 기도회에 최선을 다하고 싶었다. 3일 금식을 하면서 배가 고프지 않을까 생각했지만 잘 넘길 수 있었다. 아침부터 오후까지 함께 모여서 기도회를 했다. 찬송도 부르고 말씀도 많이 읽을 수 있어서 좋았다. 모르는 찬송이지만, 찬송을 따라서 할수록 마음이 편안해졌다. 첫날은 그렇게 지나갔다.

이틀째 하나님께 투정했다. 남편과 양가 가족들을 위해 아무리 기도해도 3분, 더 길게 해도 5분이었다. "하나님 저도 오래 기도하고 싶어요. 기도는 하나님과 대화하는 거라면서요. 저도 하나님과 긴 시간 대화하고 싶어요."라고 말씀드렸다.

목사님이 하나님께 기도드린 후 바로 일어나지 말고 하나님께서 무슨 말씀하시지 들어 보라고 하신 말씀이 기억났다. 그래서 기다렸다. 하나님께서 뭐라고 하시는지 듣고 싶었다. 기다리며 "저에게도 말씀해 주세요. 기다릴게요." 하고 계속 같은 기도를 했다. 어렴풋이 "이스라엘, 북한, 다음 세대"라고 들렸다. 잘 못 들었나 싶어서 다시 여쭤보았다. 선명하게 들렸다. "이스라엘, 북한, 다음 세대!"

교회에 온 지 얼마 되지 않아서 하나님이 말씀하신 게 맞는지 알 수 없었다. 큰 소리가 아니었지만 분명하게 들렸다. 목사님에게 말씀드리자 하나님께서 기도하라는 뜻이니 꾸준히 기도하라고 하셨다. "영실이 너는 중보 기도자야"라고 하시며 잊지 말라고 하셨다.

이스라엘이라는 나라가 있다는 것은 알고 있었지만, 어디에 있는지는 몰랐다. 그리고 북한과 다음 세대를 위해 어떻게 기도하라는 것인지 알 수 없었다. 잘 모르지만 예배드릴 때, 새벽기도 할 때도 기도했다. 길게 기도하지는 않았지만 기도하는 시간이 좋았다.

2006년 1월 19일부터 4월 28일까지 백일기도를 작정한 기간 중 3일 금식 기도회가 있었다. 예배 때 예수님의 이름과 피로 선포할 때마다 놀라운 일이 일어나고 환경과 마음에 어둠이 떠난다고 하였다. 목사님께서 적극적으로 사용하라고 하셨다. 사용할수록 점점 두려움이 줄었고 마음이 가벼워졌다. 무서운 생각이 들 때마다 예수의 피와 예수님의 이름을 외쳤더니 전보다 힘이 생기고 담대해지는 것 같았다.

금식 기도회 마지막 날 하나님께 소원을 말씀드렸다. 구원의 감격과 첫사랑이 식지 않게 해달라는 것, 앞으로 아프지 않고 수술하지 않게 해달라는 것, 나쁜 생각이 들 때 성령님이 먼저 예수의 피를 외쳐달라는 것이었다. 하나님 말씀이 무슨 뜻인지 자세하게 알려 달라고 부탁드렸다.

금식 기도회를 하면서 "하나님 아버지 저를 구원해 주셔서 감사해요. 저를 잊지 않고 찾아 주시고 기다려 주셔서 정말 감사해요. 아버지께서 이렇게 좋은 분인데 제 가족들이 하나님을 몰라서 마음이 아파요. 저를 기다려 주신 것처럼 꼭 기다려 주세요." 가족들을 위해 계속 기도할 것을 다짐하는데 눈물이 많이 났다. 하나님 마음을 아프게 한 것에 죄송했다. 그리고 하나님을 모르는 가족들이 불쌍했다.

첫 금식 기도회에 승리했다며 서로 축복하였다. 앞으로 어떤 일이 생길지 기대되었다. 기도회를 할 수 있어서 하나님께 정말 감사했다. 하나님 아버지의 사랑을 더 느낄 수 있어서 좋았다. 완전히는 아니었지만, 어느새 두려움이 많이 없어졌다. 백일기도를 하는 중에 기도 제목이 남편의 구원에서 자녀 기도로 바뀌었다. 엄마가 되고 싶다는 생각이 간절해졌다. 사무엘 선지자의 어머니 한나처럼 하나님 아버지께 기도해야겠다고 생각했다.

– 하나님이냐, 돈이냐?

천국과 지옥이 실제로 있다는 것이 확실히 믿어졌다. 성경 말씀을 더 알고 싶었다. 그래서 교회에서 하는 성경공부를 신청했는데 나를 전도하신 집사님이 부자와 거지 나사로 이야기를 해 주셨다. 부자는 매일 잔치를 하며 살았고 거지 나사로는 부자의 상에 떨어지는 부스러기라도 먹으려고 했지만, 굶주리다 죽고 말았다. 나사로는 천국에 가서 아브라함 품에 안겼다. 반면 부자는 죽어 지옥에 갔다는 내용이다. 불꽃에서 고통스럽게 신음하며 나사로에게 물을 적셔서 자신의 혀를 서늘하게 해 주길 아브라함에게 간청하였다.

아브라함은 부자에게 천국과 지옥 사이에 큰 구렁텅이가 있어 건너갈 수도 건너올 수도 없다고 불가능하다고 하였다. 다시 부자가 살아있는 형제들에게 나사로를 보내어 회개할 수 있게 해달라고 하였다. 자신의 형제들이 고통받는 곳에 오지 않게 해달라고 부탁한 것이다. 아브라함은 모세와 선지자에게 듣지 못하면 죽은 사람이 살아서 전한다 해도 회개하지 않을 것이라고 하였다. 살아있을 때만 회개할 수 있다는 것을 깨달았다. 그러자 가족들을 위해 더 기도를 간절히 해야겠다고 생각했다.

집에 와서 왜 부자는 지옥에 가고 나사로는 천국에 갔는지 궁금했다. 다시 부자와 거지에 대한 예화가 있는 말씀을 찾아 읽었다.

[누가복음 16장 19~21절]
"한 부자가 있어 자색 옷과 고운 베옷을 입고
날마다 호화롭게 즐기더라 그런데 나사로라 이름하는
한 거지가 헌데 투성이로 그의 대문 앞에 버려진 채
그 부자의 상에서 떨어지는 것으로 배불리려 하매
심지어 개들이 와서 그 헌데를 핥더라"

이 말씀을 읽은 후 계속 생각해 보았다. 하나님께서 부자를 어떻게 생각하셨는지 궁금했다. 나도 부자가 되고 싶었다. 부자가 왜 지옥에 갔는지 갔을까? 부자는 매일 잔치를 하면서 가난한 거지를 보살피지 않았다. 하나님께서 이런 부자를 싫어하신다고 생각했다. 성경 말씀을 읽으며 하나님의 마음을 더 알고 싶었다. 이제 늘 하나님 곁에 있고 싶고, 하나님이 싫어하시는 일은 하고 싶지 않았다.

성경공부를 하면서 하나님의 마음을 조금씩 더 알게 되었다. 부자가 가난한 자, 고아와 과부를 돌보라는 것과 자비와 긍휼과 정의를 지키라는 것! 그런데 부자는 거지 나사로를 돌보지 않았다. 자비와 긍휼도 베풀지 않았다. 그는 하나님보다 돈을 더 좋아했다.

하나님께 "저를 부자로 만들어 주신다면 불쌍한 사람을 잘 돌보는 사람이 되게 해 주세요."라고 기도했다. 성경공부를 하는데 돈을 사랑하는 것이 죄라고 하자 혼란스러웠다. 나는 돈도 좋아하고 부자도 되고 싶은데 돈이 우상이 되지 않게 해 달라고 기도했다. 백일기도를 꾸준히 하는 동안 기도시간이 조금씩 길어졌다. 기도할수록 기도할 것들이 생각났다. 매일 남편과 친정, 시댁 가족들의 구원을 위해 기도했다. 그리고 엄마가 되게 해달라는 기도도 간절히 했다.

이사 후 직장에 다닐 수 없어서 무척 아쉬웠다. 돈이 필요했다. 실업급여 문의를 해보니 구직활동을 하면 4개월 동안 받을 수 있다고 하였다. 그런데 기도할 때마다 마음이 걸렸다. 실업급여를 받기 위해 구직활동을 한다 해도 실제 취업을 하려고 한 것이 아니었다. 당시 임신을 하려고 준비하고 있었기 때문이다. 그래도 받고 싶었다. 하나님께 실업급여를 받게 해달라고 기도했지만, 그럴수록 마음에 걸림은 더 했다.

예배 중에 들은 말씀이 생각났다. '적은 것에 충성한 자에게 큰 것을 맡기신다' 그리고 '정직'이라는 말이 계속 생각났다. "다른 사람들은 받는데 왜 저는 못 받아요?" 퇴직 후 정당하게 받는 돈이라고 생각했지만, 하나님은 내 마음의 동기가 잘못됐다고 하셨다. 무슨 뜻인지 이해가 되지 않아서 이해가 될 때까지 여쭤보았다. 실업급여를 만든 목적에 맞지 않는다는 것이었다. 진실하게 받아야 할 많은 사람이 피해를 본다는 것이다.

그래도 '실업급여를 받을 것이냐 말 것이냐'로 내 마음과 씨름을 했다. "실업급여로 꼭 할 일이 있어요. 저도 필요해요." 기도를 아무리 해도 마음이 너무 불편해서 견디기 어려웠다. 교회에서 기도하던 중에 "저 그 돈 포기할게요. 아버지께서 정직하길 원하시니 안 받겠습니다."하고 결단하고 선포했다. 순간 마음이 가벼워졌다. 목사님께 말씀드렸더니 다른 축복이 열릴 것이라고 하셨다. 실업급여는 날아갔지만, 하나님 앞에서 정직은 지켰다.

하루는 꿈을 꾸었다. 예전에 다닌 약국에서 근무하는 내 모습이 보였다. 금고 앞에 서 있었다. 손님들이 얼마나 많은지, 돈이 금고 밖으로 넘쳤다. 금고에 넘쳐나는 돈이면 급한 문제가 해결될 것 같았다. 마음이 흔들렸다. 죄를 짓는다는 생각에 심장이 두근거렸다. 절대 안 되겠다는 생각을 하는 순간이었다. 갑자기 약국 약사님 남편분이 약국으로 들어오셔서 고생한다며 오만 원이 든 봉투를 주셨다. 희한하게 만원, 오천 원, 천원이 섞여 있었다.

꿈을 깬 후 '무슨 뜻이 있지 않을까?'하고 생각했다. 읽었던 말씀 중에서 30배, 60배, 100배가 기억났다. 예수님께서 네 가지 땅에 대해 말씀하시며 세 가지 땅에서는 열매가 맺어지지 않지만, 좋은 땅에 씨가 떨어지면 결실이 생긴다고 하셨다. 나는 좋은 땅이 되고 싶었다. 옥토만이 열매를 맺는다고 하셨기 때문이다. 하나님이냐, 돈이냐? 남에게 적은 돈일지 모르지만, 필요한 사람에게는 크다. 하나님은 분명 다른 길, 다른 방법으로 채우실 것으로 생각했다.

[마태복음 13장 3절~9절]
"예수께서 비유로 여러 가지를 그들에게 말씀하여 이르시되
씨를 뿌리는 자가 뿌리러 나가서 뿌릴새 더러는
길가에 떨어지매 새들이 와서 먹어버렸고 더러는
흙이 얕은 돌밭에 떨어지매 흙 깊지 아니하므로
곧 싹이 나오나 해가 돋은 후에 타서 뿌리가 없으므로 말랐고
더러는 가시떨기 위에 떨어지매 가시가 자라서
기운을 막았고 더러는 좋은 땅에 떨어지매 어떤 것은 백 배,
어떤 것은 육십 배, 어떤 것은 삼십 배의 결실을 하였느니라
귀 있는 자는 들으라 하시니라"

- 선생님, 걱정하지 마세요!

2006년 2월부터 이스라엘, 북한, 다음 세대에 대한 기도는 꾸준히 했다. 어느새 더 많은 사람을 위해, 우리나라를 위해, 통일을 위해 기도하게 되었다. 기도할수록 기도 제목이 더 많이 생각났다. 기도 중에 갑자기 이삿날에 오신 집사님이 떠올랐다. 시험관으로 쌍둥이를 얻었다는 분이다. 당시 정부에서 시험관 비용을 보조한다고 하였다. 백오십만 원씩 두 번, 최대 삼백만 원이었다. '나도 시험관이 될까?' 하는 생각이 들었다. 보건소에 문의해보니 남편 직장 의료보험료를 많이 내고 있다고 지원 대상자가 아니라고 하였다.

꿈에서 받은 오만 원이 생각났다. 갑자기 오만 원 곱하기 삼십은 백오십만 원! 끼워 맞추기 아닐까 하는 생각이 들었지만, 아버지께서 예정하신 일이라면 시험관 시술 지원금 받게 해 달라고 기도했다. 몇 주 동안 기도할 때마다 "저도요, 저도요!"하고 외쳤다. "천지 만물을 지으시고, 죽은 자도 살리시며, 한 사람의 기도와 그 신음조차도 외면하시지 않는 분이 아버지시잖아요. 폭풍우에 겁먹은 제자들이 죽겠다고 예수님을 깨울 때 파도야 잠잠하여지라고 하신 분이시잖아요. 아버지는 못하실 것이 없는 전지전능하신 내 아버지세요." 하나님께 간청했다.

그 후로 몇 주가 지났는지 알 수 없었다. 뉴스에서 시험관 시술 지원 대상자 폭을 넓힌다는 보도를 했다. 나도 지원 대상자 안에 들어가게 되었다. 할렐루야!

십 년 동안 다닌 병원에 가서 일단 진료기록을 복사했다. 말로 하기에는 치료와 수술 기록이 많았기 때문이었다. 진료기록을 가지고 시험관으로 유명한 병원에 갔다. 원장님이 진료기록을 중간쯤 보시더니 "이런 몸으로 어떻게 임신해요? 입양하세요."라고 하셨다. "원장님은 의료기술자지 생명을 창조하는 분이 아니잖아요." 생명을 주시는 분은 하나님이시라고 말했다. 원장님은 황당한 표정이었다.

그날은 병원에 간 첫날이었고 분위기가 침울했다. 임신을 간절히 바라는 예비 엄마들이 많이 앉아 있었다. 웃음기 없이 고개를 떨군 모습에 희망이 없어 보였다. 마음이 아팠다. 원장님은 나보다 건강한 사람들도 잘 안 되는데 나는 아예 안 될 거라고 시도해 봤자 소용이 없다고 했다. 그러나 기죽지 않았다. 원장님에게 안 된다고 거절만 마시고 기회를 달라고 했다. 원장님이 진료기록을 보고 마음이 좋지 않다고 했다. 슬픈 일을 또 겪을 수도 있다고 안타까워했다. 그러니 포기하라고 했다. 그래도 다음 진료를 위해 예약을 했다.

나는 확신이 있었다. 분명 하나님께서 일하실 것이고, 나는 반드시 엄마가 될 거라고! 예전에 쌍둥이를 잃을 당시 어릴 때 다닌 교회 목사님에게 기도를 부탁드렸다. 하나님께서 건강하고 총명한 아들 주시고 딸은 덤으로 주신다고 하셨다. 교회를 떠났지만, 마음에 담아두고 있었다. 성령님께서 내 마음에 들어오신 후 하나님은 한 번 약속하신 것은 반드시 지키신다는 것을 알게 되었다. 그래서 확신할 수 있었다.

시험관을 시작할 무렵 마음이 많이 안정되어 있었다. 하지만 과정이 쉽지 않았다. 난자를 성숙시키기 위해 호르몬 주사를 맞아야 했다. 다른 예비 엄마들은 보통 일주일 주사를 맞으면 거의 난자가 열 개에서 스무 개 정도 성숙이 된다고 했다. 나는 아니었다. 일주

일이 지나도 난자는 보이지 않았다. 원장님이 "거봐요! 안된다고 했잖아요! 왜 한다고 해서 사람 속을 태우냐고!"하고 말했다. 나는 내일은 분명히 보일 거라고 "선생님, 걱정하지 마세요!" 하고 원장님을 안심시켰다. 하지만 호르몬 주사를 맞은 지 9일이 지나도 난자는 보이지 않았다.

병원에서 주사를 맞은 지 11일째 되는 날에는 난자를 채취한다고 했다. 매일 병원에 가서 검사했다. 여전히 그대로였다. 나는 내일은 보일 거라고 했지만, 지금까지 안 보이는데 언제 보이냐며 핀잔하는 원장님한테 내일은 반드시 보인다고 말했다.

드디어 10일째 난자가 하나 보였다. 마지막 날 성숙한 두 개와 미숙한 한 개가 보였다. 원장님은 젊은데 왜 난자가 적으냐고 선별할 수도 없다며 무척 안타까워하셨다. 두 개만 수정이 될 거라고 하셨다. 난자를 채취하기 전 배에 심하게 아플 수 있고, 복부팽만이나 호흡이 가빠질 수도 있다고 했지만, 아무런 증상도 나타나지 않았다. 고통 없이 안전하게 난자를 채취했다.

보통 난자와 정자를 수정시킨 후 수정란을 4박 5일 정도 배양한다고 한다. 나는 배양할 시간이 1박 2일뿐이었다. 병원에서는 배양시간이 부족해서 임신이 힘들 거라고 했다. 나는 마음속으로 반대했다. 생명을 주관하시는 분은 오직 한 분, 하나님 내 아버지시다. 오히려 원장님과 간호사님들에게 고맙다고 잘 될 거라고 말했다. 의료진들에게 무조건 잘 될 거다, 걱정하지 말라고 말했다. 말하는 사람의 입장과 생각이 바뀐 것 같지만 분명 성경 말씀에 하나님은 듣고 계시고 들으신 대로 행하시는 분이다.

[민수기 14장 28절]
"그들에게 이르기를 여호와의 말씀에
내 삶을 두고 맹세하노라 너희 말이 내 귀에 들린 대로
내가 너희에게 행하리니"

배아 이식일에 병원에 갔다. 소파에 앉아 기다리는데 복수가 찬 것처럼 배가 나온 예비 엄마를 보았다. 이식을 할 수 있다며 울면서 사정을 했다. 너무 마음이 아팠다. 대기하는 예비 엄마들과 가족들은 숨죽인 채 바라보았다.

시험관 시술은 너무나도 가슴 아픈 일이 많다. 남들은 되는데 나는 안 되는 경우가 있다. 자궁에 수정란이 착상되어도 중간에 실패할 수도 있다. 어렵게 임신했는데 유산될 때도 있다. 그런 모든 과정을 겪으면서 예비 엄마들은 아이를 기다린다. 안 될 때는 자책하기도 한다. 우울증이나 호르몬 주사 부작용을 호소하기도 한다. 다행히 착상되면 그때부터 거의 70일 동안 임신유지를 위해 매일 주사를 맞아야 한다.

배아 이식을 위해 내 이름을 불렀다. 부러움으로 바라보는 예비 엄마들이 나를 바라보고 있었다. 눈물이 났다. 병원에 다니며 "모두 엄마 되게 해 주세요. 아이 한 명만이라도 주세요." 간절히 기도했다.

이식 후 3~4시간 병원에 누워 있어야 했다. 옆에 한 엄마가 울고 있었다. 왜 우는지 이유를 물어보자, 실패할까 봐 너무 불안하다고 했다. 일곱 살 큰 아이가 있는데 둘째 갖고 싶어서 시도한다고 하자 조금은 황당했다. 아예 없는 사람도 있는데! 기도해 드려도 되냐고 물었다. 기도 후 조금 지나자 옆 사람은 편안하게 잠이 들었다. 하나님께 감사기도 드리며 나도 스르르 잠이 들었다.

그날 병원을 나온 후 약국에 갔다. 앞으로 맞아야 할 주사들을 받기 위해서였다. 약사님께서 잘 될 거라고 안심시켰다. 스트레스 받으면 착상이 잘 안 될 수 있으니 마음 편안하게 생각하라고 했다. 하지만 호르몬 작용으로 속은 메스껍고 기운은 빠졌다. 심장이 두근거리고 잠도 잘 오지 않았다. 그런 상황에서 편안한 마음을 유지한다는 것이 쉽지 않았다. 전능하신 나의 주 하나님을 의지하며 이 찬양을 많이 불렀다.

[전능하신 나의 주 하나님 찬양 중에서]

"전능하신 나의 주 하나님은 능치 못하실 것 전혀 없네. 우리의 모든 간구도 우리의 모든 생각도 우리의 모든 꿈과 모든 소망도 신실하신 나의 주 하나님은 우리의 모든 괴로움 바꿀 수 있네. 불가능한 일 행하시고 죽은 자를 일으키시니 그를 이길 자 아무도 없네. 주의 말씀 의지하여 깊은 곳에 그물 던져 오늘 그가 놀라운 일을 이루시는 것 보라 주의 말씀 의지하여 믿음으로 그물 던져 믿는 자에겐 능치 못함 없네."

– 테스트

임신 여부를 알기 위해 병원에 다시 가야 했다. 피검사를 한 후 결과를 알기까지 거의 열흘 동안 기다려야 했다. 제발 임신이었으면 좋겠다는 생각을 시도 때도 없이 했다. 1차 임신반응 피검사 결과를 기다리면서 임신테스트를 해 보고 싶었다.

하루에도 몇 번씩 그런 생각이 들었지만 참았다. 주시는 분이 하나님이시니 모든 과정을 하나님께 맡기기로 했다. 혹시 하나님이 내 마음의 중심에 의심이 있나 없나 살피실까 봐 겁이 났다. 그래서 병원에서 전화가 올 때까지 기다리기로 했다. 그런데 병원에서 전화한다는 날에 소식이 없었다. 전화해보니 내일까지 기다려 보라고 했다. 피가 마르는 것 같았다.

드디어 병원에서 전화가 왔다. 이상하다고 말하는데 심장이 멈추는 줄 알았다. 보통은 호르몬 수치가 백 단위라고 하는데 천이 넘는다고 하였다. 쌍둥이일지도 모른다고 하였다. 처음에는 어리둥절했다. 퇴근한 남편에게 말했더니 기쁨을 감추지 못했다. 물론 나도 기뻤다.

일주일 후에 2차 피검사를 받았다. 수치가 일만 천 이상이었다.

확실히 쌍둥이다. 이제 임신유지를 위해 매일 주사를 맞아야 했다. 가장 가까운 아파트 상가 병원에서 무료로 주사를 맞을 수 있었다. 원장님은 위로까지 해 주셨다. 잘 될 거라고 힘내고 염려 말라고 하셨다. 기도할 때마다 여러 번 못하겠다고 십자가에서 단번에 저를 구원해 주신 것처럼 이번에 되게 해달라고 했다. 나를 전도하신 집사님은 나보다 더 기도를 많이 하셨다. 3일이나 금식을 하시며 많이 우셨다. 목사님과 교회의 많은 분이 기도해주셨다.

시험관을 시작하면서 백일기도는 하나님께서 시작하게 하신 거라는 걸 알게 되었다. 한순간도 눈을 떼시지 않고 하나님의 속도와 방법대로 일을 진행하신다. 하나님은 시작하신 일을 반드시 완성하시는 분이시기 때문이다. 백일기도 동안 믿음이 커졌다. 하나님을 바라보게 하시고 내 생각과 방법을 점점 내려놓게 하셨다. 마음에 가득했던 두려움이 거의 사라지고 안정이 되자 시험관을 할수 있는 길을 열어 주셨다. 예전처럼 불안하다면 임신이 어려웠을 것이다. 나는 다시 쌍둥이 엄마가 되었다.

시험관을 하던 병원 원장님이 임신주수가 늘면 기형 자궁으로는 둘을 감당할 수 없을 거라고 했다. 한 아이만이라도 건강하게 태어나려면 한 아이를 보내야 한다고 계속 설득했다. 원장님은 16주까지 그 말을 계속하였다.

원장님에게 하나님을 전할 수 있었다. 분명 임신이 어려울 거라고 했지만 임신이 되었고 아이들은 분명히 건강하게 막달에 태어날 거라고! 하나님은 살아 계시고 말하고 있는 병원에서도 듣고 계시며 믿는 자에게 반드시 좋은 것으로 채워주시는 분이다. 원장님도 예수님 꼭 믿으시라고 전했다. 주신 분이 세상을 창조하시고 다스리시는 하나님이시다. 그런 분이 내 아버지시다.

시험관 전문 병원에서 할 일은 다 끝나서 병원을 옮겨야 했다. 동네 병원에서는 임신 전 수술 기록과 쌍둥이 임신에 부담스러워했다. 결국, 서울 큰 병원으로 다니게 되었다. 부평에서 서울까지 오가는 동안 뱃속 아이들과 자연을 보고 교감할 수 있어서 정말 행복했다. 나도 엄마가 된다는 기쁨과 감격 속에서 아이들을 만날 날을 기다렸다. 반드시 하나님은 두 아이를 건강하게 낳게 해 주실 것을 믿었다. 그때 욥기를 읽으며 갑절로 갚아주신다는 위로의 말씀이 생각났다.

첫 아이들을 잃었을 때 아들을 먼저 주시고 딸은 덤으로 주신다는 약속대로 첫째는 아들, 둘째는 딸이었다. 이란성 쌍둥이가 뱃속에서 신나게 놀더니 움직임이 둔해졌다. 예전 쌍둥이가 27주 마지막 날일 때 배가 아프기 시작했는데 이번에도 같았다. 진통시간이 30분에서 13분까지 줄어들고 있었다. 이런 증상이 마귀의 속임이라면 진통 간격을 확 늘려 달라고 몇 시간 동안 기도했다.

갑자기 진통 간격이 30분으로 늘어났다. 마귀는 속임수의 명수다. 그날 밤부터 건강하게 태어나도록 날수를 채워달라고 기도했다. 꿈에서 수술실 앞에 하얀 옷을 입으신 분이 계셨다. 나는 아들이 태어나 우는 소리를 들으며 울고 있었다.

임신할 때부터 결심했다. 아이들에게 믿음의 유산을 물려주는 엄마가 되리라! 예수님을 모르는 내 가족들에게 복음을 전하는 사람이 되리라! 영적으로 무장하여 내 가족을 지키는 파수꾼이 되리라! 아이들을 위해 태교로 잠언을 읽었다. '총명과 지혜'라는 단어가 많았다. 태명으로 아들은 총명, 딸은 지혜라고 불렀다. 하나님께서 주신다고 하신 순서대로 아들이 먼저 딸이 나중이었다. 하나님 아버지께 내 영적 생일인 1월 8일 첫 수술에 낳게 해달라고 기도했다. 하나님 뜻대로 아이들을 말씀 안에서 잘 키워보고 싶었다.

2006년 1월 8일 내 영적 생일, 그로부터 일 년 후 아이들이 태어났다. 아들은 2,375g으로 딸은 2,875g이었다. 꿈에서 본 그대로 나는 아들의 울음소리를 들으면서 울고 있었고, 그 수술실 문 앞에는 하얀 옷을 입으신 분이 계셨다. 하나님은 어디서든지 자녀를 지키고 계셨다. 복음으로 시작하면 반드시 승리로 끝난다. 복음에는 하나님의 능력과 의가 나타나기 때문이다. 할렐루야!

[로마서 1장 17~18절]
"내가 복음을 부끄러워하지 아니하노니
이 복음은 모든 믿는 자에게 구원을 주시는 하나님의 능력이
됨이라 먼저는 유대인에게요 그리고 헬라인에게로다
복음에는 하나님의 의가 나타나서
믿음으로 믿음에 이르게 하나니 기록된 바
오직 의인은 믿음으로 말미암아 살리라
함과 같으니라"

하나님
진짜예요?

4장

4

하나님을 신뢰하는 사람

하나님
진짜예요?

4
하나님을
신뢰하는 사람

- 살려 주세요!

쌍둥이는 보통 38주가 만삭이다. 감사하게도 만삭을 꽉 채우고 태어났다. 아이들에게 아낌없이 해 주고 싶었다. 모유 수유를 신청했더니 신생아실에서 계속 전화를 했다. 모유 수유를 하느라 정신이 없었다. 한 아이 먹이고 나서 병실에 오면 또 다른 아이에게 수유해야 했다. 딸 지혜는 빨리 젖을 먹는데 아들 총명은 거의 한 시간이다. 목과 어깨 온몸이 굳고 추웠다. 밤낮없이 수유하러 다니다 보니 몸살 기운이 있었다. 어렵게 얻은 아이들이라 최선을 다하고 싶었다. 그런데 엄마가 간염이기 때문에 아이들이 모유 황달이라고 하였다. 다행히 수유에 문제가 되지 않는다고 했다.

퇴원 날이 가까워졌다. 병원에서 딸은 퇴원할 수 있는데 아들은 한 달 정도 더 있어야 한다고 했다. 치료가 더 필요하다는 이유였다. 가슴이 철렁 내려앉았다. 딸아이만 데리고, 아니면 아들만 두고 퇴원할 수도 없었다. 아들을 하루라도 보지 못하면 죽을 것 같았다. 그리고 아들만 두고 매일 서울에 올 수도, 병원 근처에서 살 수도 없었다. 집 근처 큰 병원에서 진료를 받을 수 있을 것으로 생각했다. 퇴원 후에 일어나는 모든 일은 병원에서 책임지지 않는다는 내용에 동의하고 퇴원을 했다.

퇴원 후부터 더 절실하게 기도하게 되었다. 아들의 몸이 노랗게 되고 있었다. 황달이었다. 약국에서 근무할 때 황달로 죽은 아이가 생각났다. 괜찮아지는가 싶으면 다시 노랗게 변하는 아들을 보면서 눈물이 났다. "생명을 주신 분이 하나님이십니다. 이 아이들을 평생 건강하게 지키신다고 약속하신 분이 아버지십니다." 울면서 기도했다. 딸아이는 태어날 때부터 건강해서 별 탈 없이 잘 자랐지만,

아들은 간염 항체도 생기지 않아 걱정되었다.

교회를 처음 다닐 때부터 말씀을 붙잡고 기도했다. 어떻게 기도할 줄 몰랐기 때문에 더욱 그랬다. 내 질병이 아이에게도 내려간다고 생각하니 너무 가슴이 아팠다. 건강을 물려줄 수 있으면 얼마나 좋을까? 현실 앞에서 할 수 있는 것은 기도뿐이었다. 반드시 말씀대로 이루어주실 것을 믿고 기도했다. '안되면 어쩌지?' 하는 의심이 들면 확신이 들 때까지 기도했다. 의심하는 자는 받지 못할 줄로 알라고 하셨기 때문이다. 예수님이 채찍에 맞은 이유로 우리가 나음을 입었다는 말씀을 가지고 기도했다.

[이사야 53장 5절]
"그가 찔림은 우리의 허물 때문이요 그가 상함은
우리의 죄악 때문이라 그가 징계를 받으므로
우리는 평화를 누리고 그가 채찍에 맞으므로
우리는 나음을 받았도다"

이사야 53장을 자주 읽었다. 하나님의 독생자 예수님이 십자가에서 받아야 할 고통을 알자 가슴이 너무 아팠다. 하나님께서 인류의 구원을 위해 잠시 버리신 외아들 예수님을 통해 내가 구원을 받았다. 그리고 질병과 가난, 저주에서 벗어나게 되었다. 하나님이 많은 사람의 구원을 위해 예수님을 버리시기로 작정하셨을 때 마음을 생각해 보니 가슴이 저렸다. '하나님께서 얼마나 사람들을 사랑하시면 이렇게까지 계획하셨을까?'

[요한복음 3장 16절]
"하나님이 세상을 이처럼 사랑하사
독생자를 주셨으니 이는 그를 믿는 자마다 멸망하지 않고
영생을 얻게 하려 하심이라"

사람들을 심판하시기 위해 외아들을 보내신 것이 아니라 빛의 나라, 천국에 함께 하시고 싶은 하나님 마음을 더 알게 되었다. 아픈 아들의 건강을 위해 기도하면서 하나님의 절절한 사랑을 알게 되자 오열하게 되었다. 나 같은 죄인을 구하신 하나님의 은혜에 감격했기 때문이다. 그리고 믿음이 더 자라게 되었다. 믿고 구하는 것은 이미 받은 줄로 알라고 하신 말씀대로 아들은 건강해졌다. 물론

간염 항체도 생겼다. 엄마가 되어 아이를 키울 수 있게 해 주신 은혜에 깊이 감사하게 되었다.

– 아빠도 아프셨구나!

2007년 5월 7일 쌍둥이가 태어난 지 5개월이 되었다. 아이들을 유모차에 태우고 아파트 주변 산책을 하고 있었다. 아이들에게 나무와 새, 시냇물을 보고 말해 주었다. 그러던 중에 갑자기 "먼저 사랑을 해내라." 하는 음성이 들렸다. 누구를 사랑하라고 하시는지 알았다. 하지만 모른 척했다. 피하고 싶었다. 계속 산책을 하는데 같은 음성이 또 들렸다. 나는 "왜 저 먼저 해요? 저는 자식인데요. 저 못해요.""용서 못 해요."하고 대답했다. 잠시 후에 한 마디 음성이 들렸다. "이 세상에 용서받지 못할 사람은 없다. 너도 내 아들 예수로 인해 용서한다. 그도 내 아들이다." 그 순간 큰 망치로 머리를 아주 세게 맞는 것 같았다.

하나님 아버지께서 하라고 하신 데에는 다 이유가 있다. 이유를 알 수 없지만, 순종을 결심했다. 하나님 아버지는 언제나 선하시기 때문이다. 지금까지 늘 그러셨다. 내 눈으로 볼 때는 안 좋은 것이 거나, 화로 보이는 일들이 때가 지나면 복이 되어 있었다. 하나님께 "어떻게 해요? 뭐라고 말해요? 언제 해요?" 여쭤보았다. '일주일 두 번 전화'라는 생각이 들었다. 하나님은 한치에 오차나 실수가 없으신 분이다. 다음 날이 어버이날이었다. 엄마와는 자주 연락을 했지만, 아빠와는 연락을 거의 하지 않았다.

어릴 때부터 아빠가 무서웠고 어려웠다. 엄마한테 못 해준다는 생각 때문에 아빠를 몹시 미워했다. 화목하지 못한 이유가 아빠 때문이라고 생각했다. 어느새 마음속에 아빠에 대한 미움이 커질 대로 커졌다. 아빠한테 전화해야겠다는 생각이 들었다. 전화기 너머 벨이 울리기 시작했다. 열 번까지는 끊지 않기로 했다. 7, 8번 벨이 울리자 아빠와 통화가 될까 봐 긴장되었다. 딱히 드릴 말씀이 없었다. 9번이 되자 안 받으실 것 같아 기뻤다. 10번 벨이 울리는 순간 냉정한 목소리가 들렸다. "여보세요!"

깜짝 놀라서 잠시 말을 할 수 없었다. "왜?"하고 아빠가 차갑게 말씀하시자 내일이 어버이날이라 전화했다고 했다. "끊어." 하시고 진짜 전화를 끊으셨다. 첫 통화 내용이다. 하나님께 "거 봐요. 아빠는 안 변해요. 세상 사람 다 변해도 안 변해요."하고 불평했다. 괜히 전화했다는 생각이 들었다. 다음에도 이렇게 될 게 뻔한데 전화할 마음이 내키지 않았다. 다음에도 전화할 일을 생각하니 마음이 답답해졌다. 어쨌든 하기로 했으니 날짜를 정했다. 들쑥날쑥하면 하지 않을 것 같아서 월요일에 전화했으니 목요일에 다시, 화요일에 하면 금요일, 수요일에 하면 토요일에 하기로. 전화가 일이 되었다.

두 번째, 세 번째, 계속 전화를 해도 아빠와 통화할 때 여전히 변화가 없었다. 아빠와 통화 후 하나님께 계속 불평을 했다. 변화가 없는데 또 해야 하냐고? 일주일에 두 번씩 전화하는 것이 힘들었다. 진심으로 아빠를 대하는 것이 아니라 의무였기 때문이다. 가족 구원을 위해 기도하면 마음이 아파서 눈물이 많이 났다. 그런데 아빠를 위해 기도할 때는 그렇지 않았다. '기도해야 하니까'라는 생각이 들었다. 아빠 생신에 친정 가족들이 모두 모였다. 그때에도 전화는 계속 드리고 있었다. 여전히 불편했다.

그런데 기도를 거듭할수록 내가 변하고 있었다. 아빠가 불쌍하다는 생각이 들었다. 아빠와 엄마 사이에 있는 일로 아빠를 미워하고 있는 내 마음에 슬픔이 가득했다. 어쩌다 이렇게까지 아빠를 미워하게 되었을까? 부부 사이에 일은 부부만이 아는데. 아이들이 커가는 모습을 보면서 아빠가 나와 동생들에게 잘 해 준 사실까지 다부정하고 있다는 것을 깨달았다. 그때부터 내 마음은 변하고 있었다. 첫째인 내가 태어난 후 아빠가 얼마나 기뻐하셨을지, 자식들 입히고 먹여 살리시느라 얼마나 고생하셨을지.

그해 나는 서른셋이 되었다. 아빠의 모습이 예전 같지 않았다. 벌써 아빠가 예순하나가 되셨다. 아빠도 피해자라는 생각이 들었다. 아빠는 부모님으로부터 결혼생활을 배울 수 없었기 때문이다. 기도 중에 아빠의 모습이 보였다. 큰 방구석에 혼자 울고 계셨다. 아빠도 힘들고 외로우셨겠다는 생각이 들자 하염없이 눈물이 흘렀다. 그리고 깊은 회개가 터졌다. 자식은 부모의 마음을 알기 어렵다. 부모님도 실수하는데 나는 받아들이지 않았다. 부모님은 잘못하면 안 되는 줄 알았다. 설령 잘못한다 해도 빨리 사과해야 한다고 생각했다. 그날 이후로 생각이 그전과 같지 않았다.

전화하는 태도가 달라졌다. 의무감이 아니라, 꾸준히 하기로 마음먹고 전화했다. 시작한 지 딱 97일째였다. 아빠의 목소리가 변했다. "영실아, 왜?" 부드럽게 내 이름을 부르시며 전화를 받으셨다. 내 마음이 무너졌다. 그동안 아빠를 미워하고 원망하며 살았던 내 마음을 솔직하게 말씀드렸다. 그리고 "아빠도 외롭고 힘드셨죠? 죄송해요. 그리고 사랑해요. 저 낳아 주셔서 감사해요." 아빠도 나도 울었다. 그날 내 마음에 묶인 것들이 풀렸다.

하나님 아버지께서 원하신 것은 바로 사랑이라는 것을 알게 되었다. 사랑이 없으면 아무것도 아니라고. 아빠는 내 아버지이기 전에 할아버지 할머니의 목숨과 바꾼 아들이고, 하나님의 아들이라는 것을 알게 되었다. 나를 용납해 주신 하나님의 마음을 알고 나니 이 세상에 용납받지 못할 사람은 없다는 것을 알게 되었다. 그게 하나님 사랑이라는 것을 절실하게 깨달았다.

- 돌잔치

아들 승우, 딸 지윤이는 우리 부부에게 큰 기쁨이었다. 아이들이 태어나기 전에 나비 모양 모빌을 만들었다. 둘이 모빌을 보고 웃는 모습이 정말 귀여웠다. 먹고 자고 노는 모습을 보니 꿈만 같았다. 눈을 맞추고 아이들에게 말할 때 옹알이를 하는 모습이 아직도 눈에 선하다. 엄마가 되어 아이들을 키울 수 있어서 행복했다. 무엇보다 하나님과 교회를 욕했던 나에게도 모태신앙으로 아이들을 낳아 키울 수 있게 해 주셔서 감사했다.

물론 힘들 때도 많았다. 둘을 거의 혼자 키우다 보니 잠을 제대로 잘 수 없었다. 남편도 퇴근 후에 아이들을 보며 힘들어했다. 두 아이 모두 모유 수유를 1년까지 하고 싶었다. 하지만 도저히 할 수 없었다. 아들은 3개월, 딸은 6개월까지 수유를 했다. 육아 중에 정말 힘든 것은 말할 상대가 없고 쉴 시간이 없다는 것이다. 한 명 돌보면 다른 아이가 울고 한 아이가 깨면 다른 아이도 깨서 아이들을 돌보며 우는 날도 많았다. 산후우울증으로 더 힘들었다. 임신 중에 책으로 공부한 육아는 현실과 너무 다르다는 것을 깨달았다. 두 아이를 재우기 위해 앞과 뒤로 업고 동네를 돌아다닐 때도 많았다.

두 아이를 양육하며 예배는 내 삶의 일부가 아니라 전부가 되어 있었다. 말씀을 듣지 않고는 살기 어려웠다. 그래서 예배드릴 때 한마디라도 들으려고 했다. 엄마들은 아기들과 함께 예배를 드렸다. 집중하지 않으면 말씀을 듣기 힘들었다. 아기들이 울고 소리를 지르면 설교 말씀이 잘 들리지 않았다. 단어 하나라도 듣고 와야 했다. 아이들을 키우며 성경 말씀을 읽기 어려워서 말씀 한마디라도 들으려고 애를 썼다. 예배드리기 전에 한 말씀이라도 꼭 들리게 해 달라고 기도했다.

육아로 심신이 지칠 무렵 승우랑 지윤이 돌잔치가 다가오고 있었다. 목사님과 교회분들을 모시고 예배드리고 싶다는 생각이 들었다. 아이들을 주신 하나님께 감사 예배를 드리고 싶었다. 돌잔치를 할 곳을 남편과 알아보면서 '남편에게 말을 할 수 있을까?' 생각할수록 저절로 한숨이 나왔다. 꼭 돌잔치 기념으로 예배를 드리고 싶은데 걱정이 되었다. 남편과 시댁 가족 아무도 예수님을 믿는 분이 없었다. 마음의 소원이 간절할수록 걱정이 커졌다. "아버지 꼭 예배드리고 싶은데 어떻게 하죠? 어떻게 남편에게 말하죠? 말도 안 된다고 할 텐데요. 기도할 때마다 돌잔치 어떻게 해요? 돌잔치요!"

돌잔치 날짜는 점점 다가오는데 남편에게 말을 꺼낸다고 생각하니 용기가 나지 않았다. 돌잔치에 목사님 모시고 예배드리고 싶다고 살짝 말했다. 역시 무슨 말도 안 되는 소리냐며 부모님과 친척, 친구와 회사 동료들도 오는데 혼자만 생각한다고 난리를 쳤다. 예상한 대로 강하게 반대했다. 그럴수록 내 소원은 더 커졌다. 뱃속에서부터 하나님을 안 아이들에게 꼭 축복받는 예배를 드리고 싶었다. 거의 한 달 동안 기도하는 중에 말씀이 생각났다.

[야고보고 1장 6절~8절]
"오직 믿음으로 구하고 조금도 의심하지 말라
의심하는 자는 마치 바람에 밀려 요동하는
바다 물결 같으니 이런 사람은 무엇이든지
주께 얻기를 생각하지 말라 두 마음을 품어
모든 일에 정함이 없는 자로다"

말씀을 찾아 자세히 읽어보았다. 하나님께 구할 때 의심하는 자는 기도한 것을 받지 못한다고 하신다. 그래서 의심이 없어질 때까지, 확신이 들고 남편에게 다시 말을 할 수 있는 담대한 마음이 들 때까지 말씀을 붙잡고 기도했다. 기도할 때는 확신이 들고 다시 남편에게 말할 수 있다는 자신감이 생겼다. 그런데 남편을 보면 물거품이 되었다. 돌잔치 날짜는 보름을 앞두고 있었다. "하나님 더 미루지 않겠습니다. 도와주세요. 지혜롭게 말할 수 있게 해 주시고 남편의 마음을 움직여 주세요." 오늘은 반드시 말하겠다는 다짐을 하고 정한 디데이에 말했다.

남편은 다시 거절하는 듯했다. 하지만 난 물러서지 않았다. 분명 하나님 아버지께서 말씀을 주셨을 때는 믿음으로 하라는 뜻이다. 그리고 믿음으로 행동했을 때 하나님께서 책임지실 것을 믿었다. 예배를 통해 첫 생일을 맞이한 승우, 지윤이에게 축복의 자리를 선물해 주고 싶었다. 남편에게 "돌잔치는 평생 한 번뿐이다. 분명 예배 때 목사님의 말을 통해 하나님 말씀대로 아이들에게 된다. 그리고 내 소원이다."라고 말했다. 남편은 화가 난 것 같았다. 남편을 설득했다. 남편은 "너 좋을 대로 해!"라고 말했다. 기분이 좋아 보이지 않았지만 분명 허락한 것이다. 마음에 기쁨이 가득했다.

이제 막 예수님을 믿기 시작한 초보 엄마였다. 사랑하는 아이들에게 선물해 주고 싶은 예배는 정말 은혜가 넘쳤다. 손님들이 많이 오시기 전에 목사님과 교회분들이 돌잔치 장소에 먼저 도착하셨다. 양가 부모님과 친척들이 오셨을 때 예배를 드리기 시작했다. 처음에는 당황스러워하셨지만, 아이들을 축복해주시는 말씀과 기도를 들으시며 가족들의 표정이 달라졌다. 예배를 드린 후 시부모님께서 무척 좋아하셨다. 역시 하나님은 사랑하는 자들에게 합력하여 선을 이루시는 분이시다.

– 믿음의 물맷돌

내가 중학생 때부터 엄마는 보험회사에 다니셨다. 엄마는 신용이 좋으셨다. 성실하시고 글 잘 쓰고, 업무 능력도 좋았다. 당시 돈 거래를 하려면 보증이 필요했다. 주변 분들은 엄마를 보고 돈을 빌려주는 경우가 있었다. 그런데 문제가 터졌다. 돈을 빌린 분들이 도망가셨다. 중간에서 엄마는 계속 빚 독촉을 당했다. 엄마 신용을 보고 빌려준 거니까 사람을 찾아내든지 아니면 엄마가 갚든지 해결하라고 하였다.

스물두 살 때 엄마에게 빚이 있다는 것을 알았다. 삼천만 원이었다. 아빠한테 빨리 말씀드리고 갚자고 했다. 하지만 엄마는 아빠가 알면 안 된다고 반대하셨다. 엄마가 알아서 하겠다고 나에게 모른 척하라고 하셨다. 그 이후로 잘 해결됐다고 생각했지만 아니었다. 내가 교회를 다시 다니게 된 첫해 그 빚은 수십 배로 늘어나 있었다. 엄마는 급한 불을 끄려고 사채를 빌리셨다. 엄마 빚 문제를 놓고 기도할 때 가슴이 터질 것 같았다. 사채업자들에 대한 소문 때문에 정말 무서웠다.

어떻게 기도해야 할지 몰라 막막했다. 울기만 했다. 엄마는 사치를 부린 적도 없고 해외여행은커녕 국내 여행도 가 본 적도 없다. 그런 엄마가 남이 빌린 돈을 갚고 있었다. 번 돈으로 원금은커녕 이자만 갚으셨다. 도저히 엄마 힘으로는 갚을 수 없었다. 빚 독촉이 심해질수록 엄마는 불안해하셨다. 거의 매일 통화할 때면 죽고 싶다고, 자식들한테 피해만 주는 못난 엄마라고 말씀하셨다. 해답을 찾아야 했지만, 답이 없었다. 몇억이나 되는 빚을 갚을 길이 없었다. 아빠한테 말씀드리자 아빠도 엄마 빚을 갚는데 할 만큼 했다고 하셨다. 이제 밑 빠진 독에 물 붓기라고 생각하시는 것 같았다.

도대체 왜 이렇게 문제가 많은지, 기도하고 나면 더 큰 문제가 생기니 기운이 빠졌다. 뭐라고 기도해야 할지 너무 막막했다. 새벽 기도에 가서 기도할 때 멍하니 앉아 있다 올 때도, 눈물만 흘리다 온 적도 많았다. 그러던 어느 날 말씀 한 구절이 정말 이해가 되지 않았다.

[데살로니가전서 5장 16절~18절]
"항상 기뻐하라 쉬지 말고 기도하라
범사에 감사하라 이것이 그리스도 예수 안에서
너희를 향하신 하나님의 뜻이니라"

이런 상황에 기뻐할 수 없었다. 기도하라고 하신 말씀은 알겠는데 그다음 말씀을 도저히 이해할 수 없었다. "범사에 감사하라", "어떻게 감사해요? 이렇게 일이 큰데요? 엄청난 빚을 어떻게 갚아요?" 하나님께 묻고 또 물었다. 기도 자리에 갔지만, 기도가 나오지 않았다. 한참을 지나 내가 하나님이 아니라 문제에 집중하고 있다는 것을 발견했다. 문제에 압도당한 채 하나님보다 문제를 더 크게 보고 있었다. 하나님은 언제 누구에게 어떤 일이 생길지 아시는 분이시다. 만물을 다스리시는 분이시기 때문이다. 이 일을 통해 하나님께서 무엇을 의도하시는지 궁금했다.

하나님께서 못하실 일이 있을까? 없다. 절대 없다. 안 하실 수는 있어도 못 하실 수는 없다. 생각이 바뀌기까지 시간이 걸렸다. 이럴 때 하나님은 무엇을 원하실까? 하나님을 보라는 것을 알게 되었다. 문제가 많다는 것은 고칠 점이 많고, 고칠 점이 많다는 것은 새롭게 될 것이 많다는 뜻이다. 하나님께서 변화시키실 것이 많다는 생각이 들자 오히려 감사하게 되었다. 많은 문제는 많은 응답이라고 생각이 되었다. 기도하면서 시편 말씀을 많이 읽었다. 부정적인 생각이 들지 못하도록 읽은 말씀을 생각하고 찬양을 계속 불렀다. 그리고 감사하기로 했다.

[시편 50편 14절~15절]

"감사로 하나님께 제사를 드리며

지존하신 이에게 네 서원을 갚으며 환난 날에

나를 부르라 내가 너를 건지리니

네가 나를 영화롭게 하리로다"

하나님은 절대 우리를 내버려 두지 않으신다. 절망에 빠진 우리에게 소망과 힘을 주신다. 왜냐하면, 하나님은 아버지시기 때문이다. 분명 하나님께서 우리에게 향하신 생각은 소망과 평안이라고 하셨다. 말씀과 찬양으로 무장하며 기도했다. 어디서 눈물이 나오는지 울기도 많이 했다. 기도하게 하신 하나님께서 분명히 방법을 알려 주실 것이라고 기대했다. 먼저 감사를 드렸다. 예수님께서 "너희가 내 이름으로 구한 것은 이미 받은 줄로 알라"고 하셨기 때문이다. 반드시 하나님은 놀랍게 일을 하시고 회복시켜 주실 것이라고 믿음으로 고백하며 소망을 얻었다. 하지만 눈물이 마를 날이 없었다. 하나님께 불쌍히 여겨 달라고 간절히 기도하며 말씀대로 선포했다.

[시편 40편 16절~17절]

"주를 찾는 자는 다 주 안에서 즐거워하고

기뻐하게 하시며 주의 구원을 사랑하는 자는

항상 말하기를 여호와는 위대하시다 하게 하소서

나는 가난하고 궁핍하오나 주께서는 나를 생각하시오니

주는 나의 도움이시요 나를 건지시는 이시라

나의 하나님이여 지체하지 마소서"

[시편 42편 5절]

"내 영혼아 네가 어찌하여 낙심하며

어찌하여 내 속에서 불안해 하는가

너는 하나님께 소망을 두라 그가 나타나

도우심으로 말미암아 내가 여전히 찬송하리로다"

살길은 오직 기도뿐이었다. 새벽기도를 갈 때 어린 두 아이를 하나님께 "아버지 저 기도하지 않으면 못 살겠어요. 이 아이들은 제 것이 아니라 아버지의 기업이에요. 문 열고 밖에 나오지 않도록 지켜 주세요."하고 울며 교회에 갔다. 기도는 울부짖음이었다. 문제가

수면 위에 오른 것은 하나님께서 도우시고 매듭지으실 것이라고
믿었다. 부르짖으면 비밀을 알려주신다고 하신 말씀을 붙잡고 기도
했다.

[예레미야 33장 2절~3절]
"일을 행하시는 여호와, 그것을 만들며
성취하시는 여호와, 그의 이름을 여호와라
하는 이가 이와 같이 이르시도다
너는 내게 부르짖으라 내가 네게 응답하겠고
네가 알지 못하는 크고 은밀한 일을 네게 보이리라"

하나님은 아브라함과 이삭과 야곱뿐만 아니라 많은 사람에게
꿈으로 알려주실 때도 있었고 직접 말씀하실 때도 있었다. 자연을
통해서, 사람의 말과 생각을 통해서도 알려주셨다. 갈 곳, 가지 말아
야 할 곳, 할 일, 하지 말아야 할 일들을 세밀하게 가르쳐 주셨다. 하
나님께서 반드시 말씀해 주시리라 믿었다. 어느 날 꿈을 꿨다. 하나
님을 무서워하지 않고 사람을 무시하는 불의한 재판장에 대한 것
이었다. 한을 풀어달라는 과부가 너무 자신을 귀찮게 하니 과부의

억울함을 풀어주겠다는 내용이었다. 그런데 "너는 그 과부 보다 더한다!" 고 말씀하셨다. 벌떡 일어나 보니 새벽기도 갈 시간이었다. 드디어 응답해 주셨다.

[누가복음 18장 2절~6절]

"이르시되 어떤 도시에 하나님을 두려워하지 않고

사람을 무시하는 한 재판장이 있는데

그 도시에 한 과부가 있어 자주 그에게 가서

내 원수에 대한 나의 원한을 풀어 주소서 하되

그가 얼마 동안 듣지 아니하다가 후에 속으로

생각하되 내가 하나님을 두려워하지 않고

사람을 무시하나 이 과부가 나를 번거롭게 하니

내가 그 원한을 풀어 주리라 그렇지 않으면

늘 와서 나를 괴롭게 하리라 하였느니라"

하나님의 방법을 계속 구했다. 며칠을 집중기도하는데 '탕감'이라는 생각이 들었다. 당시 정부에서 불법사채업과 전면 소탕 작전을 펼칠 때였다. 뉴스에서 한 남자분이 아나운서와 인터뷰를 하고 있었다. 서민들이 상상할 수 없는 이자로 피해를 본다고 하였다. 결국, 가정이 파탄 나고 자살까지 한다는 내용이었다. 그분을 찾아가야겠다는 생각이 들었다.

준비 사항을 문의한 후 엄마 통장을 은행별로 조회 후 거래한 사람과 금액을 정리하였다. 현금으로 거래한 내용도 포함해서 준비한 서류를 보여드렸다. 원금은 줄지 않고 이자는 이미 원금의 몇 배를 준 상태라는 것을 알았다. 더 주지 않아도 되고 원금도 갚을 필요가 없다고 했다. 법적으로 어떻게 대응을 해야 하는지 알려 주셨다. 탕감할 방법은 개인파산이었다. 그 안에 내 남편에게 빌린 돈도 포함되었다.

친정 가족들이 모여 상의를 했지만, 묘안이 없었다. 아빠는 할 만큼 했다고 하셨다. 아빠에게 서운했지만, 한편으로는 이해도 됐다. 엄마는 더 절망에 빠졌고 가족들 사이에 깊은 앙금이 생겼다. 엄마가 도저히 갚을 능력이 없고 아빠도 해결할 수 없다는 사실을 남편에게 말하기까지 정말 힘들었다. 기도만이 살 길이었다. 엄마에게 법무사 사무실에 개인파산에 대해 알아보시라고 말씀드렸다.

사실 사채업자들이 무서웠다. 그런데 빚 때문에 엄마를 잃을 수도 있다는 생각이 들자 못 할 것이 없다는 생각이 들었다. 하나님의 뜻이 무엇인지, 어떻게 해야 할지 계속 기도하는 중에 "믿음의 물맷돌을 던져라!"라고 하시는 것 같았다.

엄마는 사채업자들이 죽이면 어떻게 하냐며 더 두려워하셨다. 빚 때문에 죽으나 사채업자들에게 잡혀 죽으나 죽는 것은 같다. 반드시 하나님께서 기가 막히게 일하실 거라고 말씀드렸다. 하나님 아버지는 자녀가 잘못했다 해도 계속 고통받는 것을 절대 원하시지 않는다. 가만히 계시지 않고 반드시 구출하신다. 하나님께서 믿음의 선조들과 이스라엘 민족에게 어떻게 일을 하셨는지 그동안 읽은 말씀들을 생각해 보았다. 셀 수 없이 많았지만, 특별히 아말렉과 전투 장면이 떠올랐다.

[출애굽기 17장 10절~11절]
"여호수아가 모세의 말대로 행하여 아말렉과 싸우고
모세와 아론과 훌은 산 꼭대기에 올라가서 모세가 손을 들면
이스라엘이 이기고 손을 내리면 아말렉이 이기더니"

모세는 산 정상에서 하나님의 지팡이를 잡고 서서 기도했다. 전쟁의 승패는 여호와께 있다. 전쟁은 내가, 사람들이 하는 것이 아니다. 하나님께서 함께 계시면 이긴다. 내가 할 일은 기도다. 새벽기도, 예배 때, 일상 중에도 무시로 기도했다. 엄마에게 계속 힘내서 이겨내자고 말씀드렸다. 엄마가 알아본 법무사 사무실 사무장님은 어렵겠다고 했다. 궁지에 몰렸을 때 하나님은 더 강하게 도우신다. 우리가 보일 자세는 오직 믿음이다. 길이 나타나지 않으면 광야에 물을, 사막에 강을 만드신다고 하셨다.

[이사야 43장 18절~21절]
"너희는 이전 일을 기억하지 말며 옛날 일을 생각하지 말라
보라 내가 새 일을 행하리니 이제 나타낼 것이요
너희가 그것을 알지 못하겠느냐 반드시 내가 광야에 길을 사막에
강을 내리니 장차 들짐승 곧 승냥이와 타조도 나를 존경할 것은
내가 광야에 물을, 사막에 강들을 내어 내 백성,
내가 택한 자에게 마시게 할 것임이
이 백성은 내가 나를 위하여 지었나니
나를 찬송하게 하려 함이니라"

엄마는 다른 법무사 사무실을 알아보았고, 여러 번 찾아가셨다. 안 될 거라고 했지만 개인파산 사건 번호가 나왔다. 그전에 사채업자가 알게 된다면 죽음이다. 때로는 두렵고 가슴이 조마조마했다. 그럴수록 말씀을 선포했다. 의심이 들 때면 전능하신 하나님을 찬양했다. 돈을 빌려준 분들을 아껴주시고 복으로 꼭 갚아주시길 간절히 기도했다. 드디어 엄마는 하나님의 도우심으로 빚에서 벗어났다. 개인적인 빚은 갚아나갔다. 하지만 내가 겪어야 할 일은 남아있었다.

[마태복음 6장 24절~26절]
"한 사람이 두 주인을 섬기지 못할 것이니
혹 이를 미워하고 저를 사랑하거나 혹 이를 중히 여기고
저를 경히 여김이라 너희가 하나님과 재물을 겸하여
섬기지 못하느니라 그러므로 내가 너희에게 이르노니
목숨을 위하여 무엇을 먹을까 무엇을 마실까 몸을 위하여
무엇을 입을까 염려하지 말라 목숨이 음식보다 중하지
아니하며 몸이 의복보다 중하지 아니하냐 공주의 새를 보라
심지도 않고 거두지도 않고 창고에 모아들이지도 아니하되

너희 하늘 아버지께서 기르시나니

너희는 이것들보다 귀하지 아니하냐"

[마태복음 6장 33절]

"그런즉 너희는 먼저 그의 나라와 그의 의를 구하라

그리하면 이 모든 것을 너희에게 더하시리라"

하나님과 돈 두 주인을 섬길 수 없다. 돈이 나쁜 것이 절대 아니다. 하지만 돈을 사랑하는 것은 분명 죄라고 하셨다. 돈이 있는 곳에 마음이 있다. 하나님 나라를 위해 돈을 벌고, 돈을 쓰고, 비축해야 했지만, 어느새 엄마와 나는 재물을 탐하고 있었다. 하나님은 그런 우리를 하나님의 방법으로 살게 하려고 하셨다. 딸을 살려주시면 뭐든지 하겠다고 약속한 엄마는 보험사를 다니며 하나님과 멀어졌다. 돈을 많이 벌수록 더 그랬다. 하나님은 자녀가 멀어질 때. 망하는 길로 갈 때 건지시는 우리의 아버지시다. 그분이 우리의 삶에 필요한 모든 것을 공급하신다는 것을 알게 하셨다. 돈은 하나님 나라를 건설하기 위한 수단이지 결코 목적이 아니다.

- 폭탄

엄마가 남편에게 빌린 돈도 개인파산에 포함했다. 돈을 갚을 여력이 없는 엄마에게 큰 짐이었다. 아무 말도 못 하시고 죄인이라고만 하셨다. 사위 볼 면목이 없고 딸이 힘들 거라는 생각에 많이 우셨다. 사람이 먼저지 돈이 먼저냐고 엄마를 위로했다. 하지만 남편에게 뭐라고 말해야 할지 너무 걱정되었다. 밥을 먹어도 잠을 자도 온 신경이 살아있었다.

계속 미룰 수 없었다. 친정 일로 여러 번 일을 겪자 남편에게 염치도 없고 너무 미안했다. 시댁 일로 어려움을 겪거나 돈 문제로 고생을 해 본 적은 없다. 남편은 대출을 받아 빌려드린 돈이라 더 힘들어했다. 친정에서 돈을 돌려받을 수도 없는 상황이라 더욱 그랬다.

남편은 성실하고 검소했다. 허투루 돈을 쓰지 않는 성격이다. 그런 남편의 성격을 알기 때문에 남편과 집에 있을 때는 더 눈치가 보였다. 그리고 너무 미안했다. 그러자 친정 행사에 대해서도 말하기 어려웠다. 게다가 결혼 전에는 몰랐던 내 명의의 보험회사 빚이 있었다. 엄마가 보험사에 다니실 때 빌리신 것이다. 가장 큰 문제는 남편 몰래 대부업체에 엄마 보증을 선 것이다. 엄마가 돈을 빌려준 사람들이 곧 갚을 거라며 실수하지 않고 갚겠다고 하셨지만, 아니었다. 빌린 분들은 연락이 되지 않았다.

[잠언 22장 26절~27절]
"너는 사람과 더불어 손을 잡지 말며 남의 빚에
보증을 서지 말라 만일 갚을 것이 네게 없으면
네 누운 침상도 빼앗길 것이라 네가 어찌 그리하겠느냐"

[잠언 6장 1절~3절]
"내 아들아 네가 만일 이웃을 위하여 담보하며
타인을 위하여 보증하였으면 네 입의 말로 네가 얽혔으며
네 입의 말로 인하여 잡히게 되었느니라 내 아들아
네가 네 이웃의 손에 빠졌은즉 이같이 하라 너는 곧 가서 겸손히
네 이웃에게 간구하여 스스로 구원하되"

말씀에 보증을 서지 말라고 하셨지만, 도저히 엄마의 부탁을 거절할 수 없었다. 생활비에서 보증금액의 이자를 계속 내고 있었다. 남편이 무슨 일로 현금을 많이 쓰냐고 물었다. 여러 군데 쓴다고 했지만, 들통이 날 것 같아 두려웠다. 빚을 갚기 위해 일해야 했다. 여러 어린이집에서 면접을 보았다. 두 아이를 데리고 일할 수 있는 곳이 많지 않았다. 한 어린이집에서 연락이 와서 일하게 되었다. 일이 늦게 끝날 때 아이들이 너무 안쓰러웠다. 잘못은 내가 했는데 아이들이 고생했기 때문이다. 맡은 반이 있어서 아무리 내 아이들이 아파도 출근해야 했다. 아들이 심한 구내염으로 힘들어할 때 너무 눈물이 났다. 그때 밥도 제대로 먹지 못했다.

[잠언 1장 33절]
"오직 내 말을 듣는 자는 평안히 살며
재앙의 두려움이 없이 안전하리라"

말씀대로였다. 보증을 서기 전에 하나님께서 분명히 말씀하셨다. 불순종의 결과는 너무 처참했다. 남편에게 들킬까 늘 불안했다. 대부업체에서는 하루라도 이자를 늦게 입금하면 바로 전화를 했다.

새벽기도를 가기 힘들 때는 25분 거리를 출근하면서 기도했다. 기도와 마음의 여유는 정비례한다. 기도가 줄자 마음에 여유가 사라지고 조급해졌다. 남편에게 언제 들킬지 모르니 하나님께 제발 남편에게 들키지 않게 해달라고 기도했다. 어린이집은 그만두게 되었다. 이자도 갚을 수 없는 상황이 되자 미칠 것 같았다. 당장 다음 달부터 이자를 낼 돈이 없었다. 생활비로 충당하다가 들키면 끝장이라고 생각했다. 남편이 더 실망할 게 뻔했다.

하나님께 이 상황에서 건져달라고 간절히 기도했다. 교회에서 부흥회를 한다고 하자 마음껏 부르짖고 문제에서 벗어나고 싶었다. 하나님께 죽기 살기로 매달리기로 했다. 성경 속 믿음의 선배들이 잘못했을 때 살려주시고 새롭게 해 주신 것처럼 이번에 저도 살려달라고 애원해야겠다고 다짐했다. 절호의 기회라고 생각했다. 그런데 부흥회 이틀째 날에 일이 터졌다. 예배 중이라 전화를 받을 수 없었다. 전날이 이자를 내는 날이었지만 못했다. 통화가 되지 않자 대부업체에서 남편에게 전화했다. 근무 중에 대부업체 전화를 받은 남편이 많이 놀랐을 것이다.

부흥회 중간에 휴식시간에 전화를 확인해 보았다. 결국, 폭탄이 터지고 말았다. 대부업체와 남편이 전화를 많이 했다. 남편이 빨리 집에 오라고 문자를 보냈다. 심장이 멈추는 줄 알았다. 집에 가면 어떤 일이 벌어질지 상상하고 싶지 않았다. 눈물만 났다. 목사님께 사정을 말씀드리자 성령님이 남편의 마음을 만져주시고 일이 잘 해결되도록 기도해주셨다. 터질 일이 터졌다. 하나님께서 모르시는 일이 없다고 생각해서 부흥회 중에 집에 가지 않았다. 부흥회를 마치고 도와주시라고 간절히 기도하고 집에 갔다. 교회와 집은 십여 분 거리이다. 짧은 거리가 천 리 길 같았다.

아이들과 집에 들어갔다. 남편이 소리를 지르며 무엇인가 무거운 물건을 던졌다. 차라리 물건에 맞아 죽고 싶었다. 원금은 고사하고 이자를 어떻게 낼지 속이 까맣게 타고 있었다. 남편에게 다시 던져서 나 좀 명중시켜 달라고 했다. 빠져나갈 방법이 없다고 생각하자 진짜 죽고 싶었다. 남편은 빚이 어디에 얼마만큼 있는지 말하라고 했다. 친정에서 받지 못한 돈도 있는데 아직도 남은 빚이 있다는 사실에 화가 많이 났다. 할 말이 없었다. 더는 할 수 없으니 알아서 해결하라고 했다. 나는 이미 친정에 다녀온 후였지만 친정에서도 방법이 없었다. 동생들도 모두 엄마 빚을 갚고 있었다. 아빠도 여유가 없다고 하셨고 엄마에 대한 불신으로 손을 떼셨다.

그날 이후 미치던지 죽던지 한 가지는 일어나길 간절히 바랐다. 매일 대부업체에서 몇 번씩 전화했다. 오전 9시부터 오후 6시까지 욕으로 시작해서 욕으로 끝났다. 돈을 갚을 수 없으면 쓰질 말아야지, 빌려 놓고 왜 안 갚냐며 못 갚으면 몸으로라도 갚으라고 했다. 독촉 전화를 받은 후에는 온몸에 기운이 빠졌다. 빚 못 갚으면 남편 회사로 갈 수밖에 없다고 하였다. 남편이 당할 수치를 생각하니 나 자신이 너무 원망스러웠고 남편에게 너무 미안했다. 모든 것이 엉망이었다. 남편에게 할 말이 없었다. 이렇게 사는 게 무슨 의미가 있는지 자신이 너무 한심했다.

정말 죽고 싶었다. 하나님께 저 좀 데려가시라고 수없이 말씀드렸다. 하지만 그런 일은 일어나지 않았다. 두 아이 몰래 많이 울었다. 남편이 퇴근 후 집에 오면 서로 할 말이 없었다. 점점 남편과 사이가 멀어지게 되었다. 죽음이라는 두 글자가 마음속에서 계속 메아리쳤다. 모든 것을 끝내고 싶었다. 죽으면 괴로움이 끝나고 편해진다는 생각이 실제 말로 들리기 시작했다. 살고 있던 아파트 19층에서 1층 콘크리트 바닥을 자주 보았다. 그 정도로 살고 싶지 않았다. 그러던 어느 날 베란다가 1층과 연결된 잔디밭으로 보였다. 발만 디디면 편안해질 것 같았다. 그만큼 죽고 싶었다. 하지만 죽을 수 없었다. 아들이 잠에서 깼다. 하나님께 이제 어떻게 하냐며 통곡하였다.

- 죽으면 죽으리라!

다시 새벽기도를 시작했다. 뒤로는 아들, 앞에 딸을 업었다. 큰 우산을 쓰고 건널목을 지나며 하염없이 울었다. 비가 오는 겨울이었다. 빗물인지 눈물인지 구분이 안 될 것 같아 다행이었다. 죽으면 죽으리라!, 죽어도 기도하다 죽겠다고 다짐했다. 하지만 교회에 도착 후 아이들을 성전 의자에 내려놓자 눈물만 났다. 한참을 울다 멍하니 앉아 어찌할 바를 몰랐다. 기도가 나오지 않아서 찬양을 부를 때도 많았다.

[나의 힘이 되신 여호와여 찬양 중에서]

"나의 힘이 되신 여호와여 내가 주님을 사랑합니다. 주는 나의 반석이시며 나의 요새시라 주는 나를 건지시는 나의 주 나의 하나님 나의 피할 바위시요 나의 방패시라 나의 하나님 나의 하나님 구원의 뿔이시요 나의 산성이라"

"나의 생명이신 여호와여 내가 주님을 찬양합니다. 주는 나의 사랑이시며 나의 의지시라 주는 나를 이끄시어 주의 길 인도하시며 나의 생의 목자 되시니 내가 따르리라 나의 하나님 나의 하나님 생명의 면류관으로 내게 씌우소서 나의 하나님 나의 하나님 그는 나의 여호와 그는 나의 구세주"

독촉 전화에 시달리는 동안 살길을 열어달라고 간청했다. 예배 시간에 야베스의 기도를 불렀다. 말씀을 의지하며 계속 읽고 찬양을 불렀다.

[역대상 4장 10절]
"야베스가 이스라엘 하나님께 아뢰어 이르되
주께서 내게 복을 주시려거든 나의 지역을 넓히시고

주의 손으로 나를 도우사 나로 환난을 벗어나

내게 근심이 없게 하옵소서 하였더니

하나님이 그가 구하는 것을 허락하셨더라"

아무도 건져줄 것 같지 않았다. 성전에서 기도하다 지쳐 자기도 했다. 울면서 찬양했다. 거의 백일 동안 기도를 쉴 수 없었다. 쉬면 죽을 것 같았기 때문이다. 그러던 중에 "반드시 내가 너를 축복하리라, 너에게 복 주고 복 주며 번성케 하고 번성케 하리라, 내가 너를 도우리라"라고 약속하셨다. 오래 참아 약속을 받은 아브라함이 떠올랐다. 얼마나 오래 참아야 할까? 기다리는 동안 얼마나 힘들까? 이런 생각이 들 때 약속을 반드시 이루신 하나님, 이루고 계신 하나님, 이루실 하나님을 바라보았다. 하나님께서 원하시는 한 가지는 믿음이기 때문이다.

[히브리서 6장 14절~15절]

"이르시되 내가 반드시 너에게 복 주고 복 주며

너를 번성하게 하고 번성하게 하리라 하셨더니

그가 이같이 오래 참아 약속을 받았느니라"

나도 우리 가문에서 믿음의 조상이 되고 싶었다. 내 잘못으로 힘든 상태였지만 문제보다 위에 계시는 아버지께서 반드시 건지시고 축복의 통로가 되게 하실 거라고 믿었다. 눈물로 씨앗을 뿌리는 자는 정녕 기쁨의 단을 거두신다고 하신 말씀대로 이루시고 눈물을 하늘의 병에 담으시리라! 문제는 그대로였다. 하지만 문제를 바라보는 관점이 조금씩 달라지고 있었다. 하나님은 내 믿음에 야성을 키우고 계셨다는 것을 나중에 알게 되었다. 하나님은 한순간도 나를 떠나시거나 버리신 적이 없었다. 마침내 남편의 도움으로 빚에서 해방되었다.

하지만 빚으로 인해 남편과 사이가 멀어졌다. 남편은 친정을 불편해했다. 염치없지만 남편이 친정 부모님을 불쌍하게 봐 주길 바랐다. 그리고 친정과 남편 사이를 회복시켜 주시고 남편에게 복을 주셔서 평생 건강하고 형통하게 살게 해 주시라고 기도했다. 한동안 남편과 갈등이 깊어져서 헤어지고 싶을 때도 많았다. 서운함이 상처가 되어 함께 하고 싶지 않았다. 하지만 그런 생각을 계속 간직하면 하나님을 기쁘게 해드릴 수 없다고 생각했다. 부정적인 생각이 들 때 빨리 생각의 씨를 기도로 제거해야 한다. 그렇지 않으면 다음 단계로 진입이 어렵기 때문이다.

하나님은 그동안 내가 생각했던 결혼관, 가정에 대한 관점을 바꾸길 원하셨다. 우연히 두 남녀가 만나서 결혼하는 것으로 생각했지만 하나님께서 예비하셔서 결혼한 것이다. 남편과 관계 회복을 위해 수개월 기도하면서 하나님은 그리스도인의 가정에 그의 나라와 의를 세우신다는 것을 깨달았다. 그리고 남의 티가 아니라 내 들보를 보게 하셨다. 모난 내 마음, 좁은 내 마음보를 고치고 계셨다. 그동안 남편을 미워하고 서운해했던 쓴 뿌리를 치유하고 계셨다.

이사 후 하나님은 새로운 일을 해 주셨다. 우리 부부 사이를 회복시켜 주셨다. 엄마는 큰딸 내외가 크고 좋은 집으로 이사 가서 기뻐하셨다. 집에 오시라고 했다. 하지만 사위한테 미안하고 면목이 없다고 하셨다. 도저히 미안하다고 못 오시겠다는 말씀에 마음이 너무 아팠다. 남편에게 친정 부모님 먼저 모시고 싶다고 말했다. 남편은 친정 부모님이 좋아하시는 음식을 준비했다. 집들이를 마치고 노래방에 갔다. 남편은 엄마를 꼭 안으며 "어머니 영실이 주셔서 감사합니다. 앞으로 좋은 날 있을 테니 힘내세요. 저희 잘 살게요. 아프지 마시고 건강하세요." 라고 말했다.

엄마는 그날 사위가 해 준 말이 고맙다며 평생 못 잊는다고 하신다. 기도하게 하신 하나님께서 때가 되어 가장 좋은 모습으로 회복시켜 주셨다. 남편에게 참 고맙다. 어렵고 힘들 때 남편이 나를 지켜 주었고 옆에 있었다. 이런 남편이 옆에 있어서 행복하다. 아직 남편은 예수님을 모른다. 하나님 아버지께서 남편을 부르실 때가 정해져 있다고 믿는다.

"아들아! 내가 너를 많이 기다렸다."하고 부르실 날을 기도하며 기다린다. 나를 찾아오신 아버지께서 내 남편을 만나 주시고 아버지의 존귀한 아들로 살게 하실 거라 확신한다. "주 예수를 믿으라 그리하면 너와 네 집이 구원을 얻으리라" 고 약속하신 신실하신 하나님을 믿기 때문이다.

[시편 119편 71절~72절]
"고난 당한 것이 내게 유익이라 이로 말미암아
내가 주의 율례들을 배우게 되었나이다
주의 입의 법이 내게는 천천 금은보다 좋으니이다"

고난은 누구에게나 피하고 싶은 일이다. 하지만 고난은 하나님이 사랑하신다는 증거다. 고난을 통해 하나님의 말씀을 읽고 기도하게 되었다. 하나님께서 고난 속에 방황하던 나를 도우시고 자라게 하셨다. 그러면서 순종을 배웠다. 불평과 원망으로 가득했던 마음이 감사로 바뀌었다. 고난이 아니었더라면 나는 아직도 하나님을 몰랐을 것이다. 모든 것이 하나님의 은혜다.

하나님
진짜예요?

5장

5

하늘 문을 여는 사람

하나님
진짜예요?

5
하늘 문을
여는 사람

– 제가 대신 할게요.

엄마는 파산 후 일을 알아보셨다. 갚아야 할 돈이 많았다. 예순
이 넘은 연세에 할 수 있는 일은 많지 않았다. 그래도 빌딩 청소를
하게 되었다며 기뻐하셨다. 퇴근 후에는 녹초가 되셨다. 처음 하는
고된 일이라 몸살이 나셨다. 엄마는 청소일을 하시면서도 일을 주
신 하나님께 감사드렸다. 한 달에 토요일 두 번을 빼고 계속 일하셨
다. 주일에는 쉬신다고 했지만, 자식들 몰래 가사도우미를 하셨다.
우리 사 남매는 엄마를 쉬게 하고 싶었다. 하지만 각자 엄마 빚을

갚고 있어서 어려웠다.

가슴이 찢어졌다. 솜씨 좋고 인기 많고 참 예쁘셨는데 어느새 허리가 휘고 손과 다리에 관절염이 생겼다. 사 남매를 키우실 때 경제적으로 힘이 들어도 유머가 넘치는 분이셨다. 더 심한 고난이 있을 때도 자식들 앞에서는 웃으셨다. 하지만 자식들이 자는 새벽에 남몰래 많이 우셨다. 마음 아픈 일이 있어도 감추고 사는 엄마를 바보스럽게 생각한 지난날을 회개했다. 그런 모습이 미련해 보였는데 자식들을 위해 참고 버티셨다는 것을 알게 된 후 엄마가 너무 불쌍하고 감사하다는 생각뿐이다.

엄마는 동생들에게는 비밀로 하라고 하셨다. 하나님께 엄마를 도울 수 있는 일이 있다면 하겠다고 기도했다. 가사도우미를 대신하라는 생각이 들었다. 엄마한테 말씀드리자 절대 안 된다고 하셨다. 빌딩 청소에 가사도우미까지 다 하실 수 있다고 했지만, 그건 불가능하다. 일터가 낯선 곳도 아니고 엄마와 나에게 도움을 주신 약사님 댁이라 괜찮았다. 최대한 빨리 엄마를 도와드리고 싶었다. 빚을 갚기 위해 애쓰는 엄마를 도울 수 있어서 감사했다. 일주일에 한 번 가사도우미 일을 했다. 남편이 출근 후에 아이들을 어린이집에 데려다준 후 일하기 위해 서울에 갔다.

도착 후 제일 먼저 한 일은 약사님 가정을 위해 기도한 것이다. 스무 살 때부터 인연이 되어 나를 조카처럼 예뻐해 주시고 아껴 주신 분이다. 그래서 더 마음을 모아 구원을 위해 기도했다. 정해진 시간 내에 일하려면 무척 빠듯했다. 기독교 방송 채널을 틀어 놓았다. 말씀을 듣고, 찬송을 따라 부를 때에는 부흥회 같았다.

일하러 갈 때는 언제 일을 다 마치나 했지만, 집에 올 때는 '모든 상황 속에서 감사하라'라고 하신 말씀대로 감사하게 되었다. 일할 때 꾸준히 말씀을 들을 수 있어서 힘이 났다. 그리고 한 달에 네다섯 번이라도 엄마를 도울 수 있어서 감사했다. 엄마는 미안하고 죄스럽다고 하셨지만, 조금이라도 짐을 나눌 수 있어서 좋았다. 어려운 형편에도 우리를 지켜 주신 엄마가 계셔서 정말 감사했다.

'내 영혼에 햇빛 비치니' 찬송을 즐겨 불렀다. 예수님을 만난 첫해부터 고난의 연속이었다. 그때는 이 찬양을 부르며 많이 울었다.

'과연 내 삶에도 햇빛이 비칠까?, 그게 언제일까?'라고 생각했는데 이제는 그 눈물의 의미가 바뀌었다. 11개월 동안 엄마 대신 가사도우미 일을 하며 겸손을 배웠다. 높아지려고 하면 낮추시고 스스로 낮추면 높이시는 하나님! 일주일에 한 번, 왕복 4시간 주님과 더 많이 교제할 수 있었다.

슬픔과 고통에서 기쁨과 감사로 하나님을 바라보는 훈련을 할 수 있어서 감사하다. 그리고 남이 아파할 때 같이 아파하고 기뻐할 때 함께 기뻐할 수 있는 마음, 하나님 아버지의 마음을 닮게 해 주셔서 감사하다. 나의 등 뒤에서 응원하시며 때로는 재촉하신 아버지께서 언제나 내 곁에 계셨다. 슬플 때, 기쁠 때, 감사할 때 불렀던 수많은 찬양이 귓가에 맴돈다.

– 저도 사업하게 해 주세요.

아이들이 초등학교에 입학 후 학부모 자원봉사로 '책 읽어주는 어머니회'를 신청했다. 책을 읽어주는 봉사를 하면서 책과 관련된 일을 하고 싶다는 생각이 들었다. 그래서 집과 가까운 곳에 있는 문화센터에 독서지도사과정을 신청했다. 자격증 공부를 하며 작은 곳이라도 좋으니 수업할 기회를 달라고 기도했다. 3개월 과정을 마친 후 자격증을 취득했다. 교회 목사님께 교회 문화센터에서 수업을 해보고 싶다고 말씀드리자 흔쾌히 승낙해 주셨다. 자격증취득 후 바로 수업을 했다.

함께 공부한 분들이 어떻게 바로 수업하냐고 더 공부해서 하는 것이 좋다고 했다. 하지만 자격증을 취득한 때가 가장 많이 알고 있고 일할 기회가 생겼을 때 시작하는 것이 좋다고 생각했다. 현장에서 직접 부딪치며 알아가는 것이 더 빠른 공부라고 생각했기 때문이다. 첫 수업은 친구 어머니도 참석하셨다. 긴장되었다. 6개월 동안 내 아이들과 친구 두 명을 포함한 네 명과 수업하였다. 교회 문화센터에서 수업하는 기간에 논술지도사와 한국사 자격증을 취득했다.

수업하면서 더 폭넓게 수업하고 싶은 생각이 들었다. 그리고 아이들이 클수록 더 전문적인 교재와 교수법을 갖추고 싶었다. 마침 한국사 자격 과정을 가르쳐주신 강사님 소개로 독서논술 홈스쿨을 알게 되었다. 남편에게 가맹점 계약 후 수업하고 싶다고 말하자 단번에 거절했다. 남편이 쉽게 동의할 것이라고 기대하지 않았다. 아이들 잘 키우고 살림 잘하라는 말이 속상했다. 남편이 나를 어떤 사람, 어떤 아내, 어떤 엄마가 되길 원할까 하는 생각을 했다. 누구의 아내, 엄마이기 전에 나도 변화하고, 성장하고 싶은 욕구가 있는데 서운했다. 아이들을 키우면서 나는 정체된 느낌이었다. 남편에게 나도 잘 할 수 있다는 것을 보여주고 싶었다.

예전 같으면 고집을 부리고 하고 싶다고 떼를 쓰듯이 말했을 것이다. 남편이 내 뜻에 반대하면 화를 내고 퉁명스럽게 말하거나 한동안 말도 하지 않았다. 하지만 이제는 아니다. 나는 달라졌다. 일단 남편에게 가맹점 계약을 하지 않고 수업할 수 있는지 알아보겠다고 하였다. 강사님이 혼자 교재를 만들어서 계속 수업하는 것은 힘들고 지쳐서 오랫동안 하기 어렵다고 하셨다. 남편에게 다시 말했지만 거절당했다. 화내지 않았다. 그때 화냈더라면 기회는 오지 않았을 것이다. 하고 싶은 일, 하고 싶은 말이 먼저가 아니라 상대의 마음을 얻는 것이 우선이다.

남편과 다투면서 일을 시작하고 싶지 않았다. 남편이 동의하고 도와주는 사람이 되게 해달라고 기도했다. 하나님께서 계획하신 것이라면 순조롭고 화평하게 할 수 있게 해 주실 것을 믿었다. 어떤 일이 일어날 때 하나님께서 내가 그 일과 상대방에게 어떻게 반응하는지 보실 거라는 생각이 들었다. 하나님께서 반드시 상황에 직접 개입하시고 남편의 마음을 부드럽게 해 주실 것을 믿으며 기도했다. 기다리는 동안 남편이 먼저 수업 이야기를 했고 수업에 필요한 책상과 의자를 주문해 주었다. 그리고 가맹점 계약에 동의하고 격려해 주었다.

이 일을 겪으며 이삭이 생각났다. 하나님께서 이삭에게 복을 주셔서 농사한 그해 백배로 결실을 거뒀고 마침내 거부가 되었다. 그러자 블레셋 사람들이 이삭에게 다른 곳으로 내쫓으며 우물을 막았다. 이삭은 다투지 않고 다른 곳으로 가서 우물을 팠다. 하나님은 기존보다 더 넓은 땅을 선물로 주셨고 이삭은 그 우물을 '르호봇'이라 불렀다. 사단은 다투고 맞서길 원했을 것이다. 그러나 나는 하나님의 자녀다. 하나님의 방식대로 살 것을 결심했다. 기다릴 때는 늦은 것 같지만 가장 빠르고 정확한 길은 여호와 하나님께 있다. 생각은 내가 하지만 경영은 하나님께서 하시기 때문이다.

홈스쿨이지만 나는 사업이라고 생각했다. 수업 첫날 꼭 목사님을 모시고 사업장 예배를 드리고 싶었다. 새로운 일을 열어주신 하나님께 아브라함, 이삭, 야곱이 제단을 쌓고 기념한 것처럼 나도 하나님께 감사드리고 싶었다. 그리고 하나님께서 기억하시는 사업장이 되길 바랐다. 2016년 2월 26일 마지막 주 철야 예배를 드리며 아이들에게 정말 좋은 선생님이 되고 싶다고 기도했다. 이틀 후 주일에 3월 한 달 목사님께서 사업장 심방 예배드린다는 광고를 듣는 순간 나에게도 기회가 올 것으로 생각했다. 하지만 심방 일정이 꽉 찼다고 어렵다고 하였다.

하나님을 만난 후 기도하고 포기하지 않기로 했다. 탐욕으로 구하거나 남을 해치는 것이 아니라면 하나님께서 간절히 사모하는 사람을 외면하시지 않는다고 생각했다. 창세기 18장을 보면 세 사람이 아브라함에게 나타났을 때 아브라함은 그들을 그냥 지나가지 않게 했다. 귀한 분들이라는 것을 알고 자신의 집에 오시도록 간청한 후 대접했다. 세 사람은 아브라함에게 아들을 약속했다. 저를 그냥 지나가지 마시고 첫 수업 전에 하나님께 감사 예배드릴 수 있게 해달라고 기도했다. 아브라함에게도 약속하신 것처럼 약속의 말씀을 달라고 했다. 하나님께서 주신 말씀이다.

[마태복음 13장 31절~32절]
"또 비유를 들어 이르시되 천국은 마치 사람이
자기 밭에 갖다 심은 겨자씨 한 알 같으니
이는 모든 씨보다 작은 것이로되 자란 후에는 풀보다 커서
나무가 되매 공중의 새들이 와서
그 가지에 깃들이느니라"

여전히 심방 예배는 어렵다고 하였지만, 기도를 계속했다. 3월 7일 월요일 3시에 첫 수업이었다. 그날 1시 반 정도에 전도사님께서 사업장 한 곳 일정이 뒤로 미뤄졌다고 조금 후에 심방 예배드릴 수

있냐고 전화하셨다. 말로 표현할 수 없을 정도로 기뻤다. 목사님과 전도사님을 모시고 사업장 예배를 드렸다. 목사님께서 똑같은 말씀을 선포하셨다. 무엇을 시작하든지 하나님께 먼저 감사로 예배드리고 하나님께서 기억하시고 기뻐하시는 일을 하고 싶었다. 그렇게 첫 수업이 시작되었다.

수업에 학생들이 많이 올 줄 알았지만 1년 반 동안 거의 제자리였다. 남편은 그만두라고 했다. 잠이 오지 않았다. 수업 준비를 하면서 가족들이 잠든 시간에 기도하며 많이 울었다. 남편에게 잘 할 수 있다는 것을 보여주고 싶었지만, 뜻대로 되지 않았다. 하나님은 일과 돈에 초점을 둔 나를 발견하게 하셨다. 아이 한 명 한 명을 영혼으로 바라보게 되었다. 시간이 지난 후 수강생 아이들이 점점 늘었다. 아이들을 돌보아 주시고 구원을 베풀어 주실 것과 10년 후, 20년 후에 나라와 민족을 위해, 하나님 나라를 위한 선한 인재들이 되게 해달라고 기도하고 있다. 사랑하는 아이들과 수업할 기회를 주신 하나님과 아이들 부모님께 진심으로 감사드린다.

- 선택

홈스쿨을 시작한 지 4년이 되던 해에 새로운 길이 열렸다. 함께 공부하던 선생님 소개로 도서관 강의를 하게 되었다. 전혀 생각하지 못한 일이었다. 바빠서 다른 일은 하고 싶지 않았고 도서관 강의는 엄두도 내지 못했다. 성인 대상이라 더 부담되었다. 거절하고 싶었지만, 도서관에서 이미 강좌 소개가 된 상태라 수강생 문의가 많다고 하였다. 제발 폐강이 되길 바랐지만, 수업하게 되었다.

새로운 시작은 설레면서 두렵다. 강의 첫날 긴장이 되었다. 수강생분들에게 강좌 신청한 이유를 물으니 아이들에게 도움이 되고 싶다고 하셨다. 역시 대한민국 엄마들은 열성이다. 수업하면서 좋은 분들과 인연을 맺게 되었고 수업 분위기는 최고였다. 홈스쿨을 하면서 공부한 내용을 엄마 수강생들과 나눌 수 있어서 감사했다. 강의 시작 전에는 '어른들에게 무슨 도움이 될까?' 하고 생각했지만, 수강생들은 최선을 다해 노력하였다. 첫 수업부터 수강생분들을 선생님이라고 불렀다. 나보다 더 나은 분들이고 가르치는 것이 아니라 내가 배우고 함께 성장하는 것으로 생각했기 때문이다.

도서관 수업을 시작한 해에 교회에서 전남 보성으로 '마라나타 비전트립' 전국 전도 여행을 간다고 하였다. 도서관 휴관 일정과 같으면 갈 수 있지만, 일정이 달랐다. 어렵겠다고 생각했다. 일단 기도해 보기로 했다. 만일 수강생분들이 먼저 휴가 일정을 바꾸면 어떻겠냐는 제안을 한다면 가겠다고 기도했다. 갈 수 있게 되었다. 기쁨으로 수업을 시작하면서 하나님께 감사드렸다. 작은 일이라 할지라도 기도할 생각을 주신 하나님은 시작과 과정, 결과까지 책임지시고 순탄한 길로 인도해 주신다.

신앙생활을 한 지 4년이 되던 해 부흥 강사 목사님께서 평생 이 말씀을 의지하라고 하신 대로 실천하려고 노력한다. 하나님 아버지의 생각과 방법은 나와 다를 때가 정말 많기 때문이다.

[잠언 3장 5절~6절]
"너는 마음을 다하여 여호와를 신뢰하고
네 명철을 의지하지 말라 너는 범사에 그를 인정하라
그리하면 네 길을 지도하시리라"

2018년 7월 마지막 주 드디어 전남 보성으로 가는 전도 여행을 위해 아이들과 기도로 준비했다. 그런데 갑자기 시아버님께서 암이라고 하셨다. 봄부터 배가 아프셔서 위장약을 드셨다. 소화불량에 복부팽만감이 잦으셨다. 혹시 몰라 검사를 해보니 담낭암이었다. 병원에서 극심한 고통이었을 거라는 말에 가슴이 저렸다. 눈앞이 캄캄했다. 지금까지 아껴주시고 사랑해 주신 아버님이 떠나신다는 생각을 하니 눈물만 났다. 남편 앞에서 울지 않기 위해 성전에서 기도하면서 하나님께 여쭤보았다. "하나님 어떻게 하지요? 차라리 저를 데려가세요! 우리 아버님은 예수님 모르잖아요"를 수없이 반복했다.

한참 기도하던 중에 '하나님께서 모르시는 일이 있을까?' 하는 생각이 들었다. 아버님이 병에 걸리신 것도 하나님의 구원 계획에 있다면 반드시 기적을 보이실 것으로 생각했다. '주 예수를 믿으라 그리하면 너와 네 집이 구원을 얻으리라' 이 말씀을 붙잡고 기도한 순간부터 하나님은 우리 가족을 구원하시기로 작정하셨다고 믿었다. 남편에게 조심스럽게 전도 여행을 간다고 하자 잘 다녀오라고 하였다. "하나님 아버지 그동안 전도한다고 하면서 최선을 다하지 못한 것 용서해 주세요. 보성에서 만나게 하실 사람들에게 정성을 다해 복음을 전하겠습니다. 만나는 사람들에게 복음을 전하도록 힘을 주시고 물러서지 않도록 담대함을 주세요. 하나님 아버지 저희 아버님을 부탁드립니다." 하고 전도 여행을 가기로 선택했다.

전도 여행일정은 3박 4일이었다. 둘째 날부터 전도를 시작했다. 조원들과 함께 마을을 돌면서 가정 방문을 했다. 사람들을 만나기 어려웠다. 너무 더웠기 때문에 어르신들이 마을 회관에 모여 계셨다. 이번 전도 여행은 다른 해와 달랐다. 마음과 정성을 다해 전도하겠다는 결의로 가득 차 있었다. 아버님을 하나님께 맡겼기 때문이다. 마을 회관에 어르신들만 계셨다. 손과 발, 무릎, 어깨 멀쩡한 곳이 별로 없었다. 너무 마음이 아팠다.

할머니들이 대부분이었다. 전도 여행을 가기 전에 배운 마사지를 해드리면서 살짝 교회와 예수님을 전했다. 할머니들은 지금까지 절에 다니고 다른 신을 모셨는데 이제 바꾼다고 천국 가냐고 그건 배신하는 거라고 거절하셨다. 지금까지 믿은 신한테 혼날까 봐 무섭다고 하셨다. 그중에 할머니 몇 분이 하나님이 누군지도 모르고 알고 싶지도 않으며 다 예수쟁이들이 만들어낸 거짓말이라고 하셨다. 교회를 다니시는 할머니들이 같이 교회 가자고 해봤는데 헛수고라고 하셨다. 전도는 내가 하는 것이 아니라 성령님이 하시는 것이다. 나는 단지 도구이다. 하나님의 마음과 계획을 전달하는 마이크일 뿐이라고 생각했다. 도구라면 도구를 만드신 하나님 뜻대로 쓰임 받아야 버림받지 않는 도구가 된다.

전도 여행을 가기 전 하나님 아버지께 이번 전도 여행에 사활을 걸겠다고 말씀드렸다. 시아버님의 영혼 구원을 위해 간절했기 때문이다. 전도 활동을 지켜보실 하나님을 생각하며 최선을 다했다. 마을 회관에서, 동네 과수원에서, 가정에서. 거의 칠, 팔십 년 이상을 하나님 모르고 사신 분들이 전도 한 번으로 예수님을 믿게 하겠냐고 생각할 수 있지만, 반드시 하나님은 예비하신 사람을 만나게 하시고 복음이 들어가도록 준비해 놓으셨다고 생각했다. 둘째 날 네 분이 예수님을 영접하셨다. 통일교에 다니시던 할아버지와 60년 이상을 절에 다니신 할머니들이다. 힘든 시절을 보내시며 마음과 몸에 고통이 크신 분들이 처음에는 차갑게 대하셨지만, 정성을 다해 차려주신 점심과 간식은 꿀맛이었다. 점심은 주님께서 예비하셨다고 하신 말씀 그대로였다.

그날 뵌 분 중에 보살 할머니가 강하게 화를 내셨다. 예수쟁이들 다 말쟁이에 거짓말쟁이라고, 전도할 거면 나가라고 하셨다. 나는 예수님을 인격적으로 만나기 전에 전도하는 사람들을 향해 적개심이 강했다. 미치거나 할 일 없는 사람들이라고 생각했기에 그런 반응이 이해가 됐다. 하나님께서 할머니를 사랑하시고 기다리신다고 말씀드리자 "내가 보살인데!" 하며 화를 내셨다. 나도 모르게 "할머니 반드시 하나님 잘 믿게 되실 거에요. 부처님께 정성을 다하시는 분이 하나님 만나면 지금보다 더 정성을 다하실 거에요!"하고 선포했다. 하나님께서 책임지실 거라고 믿었다.

셋째 날 다시 예수님을 영접하신 할머니들을 뵈러 동네와 마을회관에 갔다. 인사하는 중에 보살 할머니께서 "너 진짜다!"라는 말에 신이 났다. 왜냐하면, 할머니의 눈동자가 흔들리고 있었기 때문이다. 성령은 어떤 신보다 강하신 참신, 하나님이시기 때문에 할머니의 마음을 쪼개셨다고 생각했다. 우리에게는 하루지만 하나님께는 하루가 천년 같고 천년이 하루 같다. 짧은 시간이지만 분명 하나님께서 보살 할머니의 마음을 만지셨을 것이다. 영혼을 사랑하시기 때문이다.

예수님을 영접하신 할머니들과 보성 동산교회에서 예배를 드리며 감격했다. 그동안 하나님을 모르고 사신 할머니들이 찬양하며 기뻐하셨다. 굽은 허리와 다리로 불편하셨을 텐데 하나님께 어린아이와 같은 모습으로 예배를 드리고 계셨다. 우리 교회 담임목사님께서 선포하시는 하나님 말씀을 들으며 할머니들의 얼굴이 더 밝게 빛났다. 복음은 빛이고 생명이다. 사람 속에 있는 어둠을 몰아낸다. 송정미 사모님이 부르시는 찬양으로 마음에 더 큰 감동이 몰려

왔다.

하나님의 은혜로 모든 일정을 마치고 인천 송도로 출발했다. 하나님 아버지께 할머니들과 할아버지를 맡기며 한참 동안 기도했다. 한 알의 밀알로 사용해 주신 하늘 아버지께 진심으로 감사드리며 그날을 기억한다.

예수님이 이 땅에 가난한 자와 포로와 눌린 자를 자유롭게 하시기 위해 오셨다. 예수님을 믿는다는 것은 예수님이 하신 일을 하며 예수님을 따라 사는 것이다. 하나님의 일은 예수님을 믿는 것이다. 전도 여행을 하면서 할머니들과 보성 어르신들에게 예수님의 증인으로 복음을 전할 수 있어서 행복했다. 하나님의 나라와 의가 선포되고 확장되기 때문이다.

[누가복음 4장 17절~19절]
"선지자 이사야의 글을 드리거늘 책을 펴서
이렇게 기록된 데를 찾으시니
곧 주의 성령이 내게 임하셨으니 이는 가난한 자에게

복음을 전하게 하시려고 내게 기름을 부으시고
나를 보내사 포로 된 자에게 자유를, 눈 먼 자에게
다시 보게 함을 전파하며 눌린 자를 자유롭게 하고
주의 은혜의 해를 전파하게 하려 하심이라 하였더라"

– 약속

2018년 8월 4일 토요일 새벽, 기적이 일어났다. 전도 여행을 다녀온 며칠 후였다. 꿈에 하나님께서 시아버님에 대해 말씀하시면서 "내가 고쳐 주리라, 내가 고쳐 주리라!" 말씀하셨다. 너무 생생했다. 일어나 보니 새벽 6시였다. 하나님은 지금까지 다양한 방법으로 하나님의 뜻과 계획을 말씀해 주셨다. 신앙생활 초기부터 알아들을 때까지 계속 말씀해 주시라고 했다. 왜냐하면, 하나님 아버지께서는 계속 말씀하시는데 내가 못 듣고 지나치기 쉽다고 생각했기 때문이다.

[욥기 33장 13절~18절]
"하나님은 한번 말씀하시고 다시 말씀하시되

사람은 관심이 없도다 사람이 침상에서 졸며

깊이 잠들 때에나 꿈에나 밤에 환상을 볼 때에

그가 사람의 귀를 여시고 경고로써 두렵게 하시니

이는 사람에게 그의 행실을 버리게 하려 하심이며

사람의 교만을 막으려 하심이라

그는 사람의 혼을 구덩이에 빠지지 않게 하시며

그 생명을 칼에 맞아 멸망하지 않게 하시느니라"

그때부터 시아버님을 고쳐주신다고 하신 약속을 붙잡고 부르
짖었다. 예수님을 알기 전에는 사람이 착하게 살면 천국에 갈 수 있
다고 생각했다. 시부모님도 같은 생각을 하셨다. 그런데 성경 말씀
을 알고 나니 아니었다. 사람을 미워하면 살인자요, 배우자 외에 다
른 대상을 보고 음욕을 품으면 간음한 자라고 하신 말씀에 충격을
받았다. 그렇게 해봤기 때문이다. 천국은 착해서 가는 것이 아니라
입장권이 있어야 가는 곳이다. 아무리 착하다 해도 두 가지 죄를 짓
지 않는 사람은 없을 것이기 때문이다. 예수님이 천국으로 가는 입
장권이다.

[요한복음 14장 6절]
"예수께서 이르시되
내가 곧 길이요 진리요 생명이니 나로 말미암지 않고는
아버지께로 올 자가 없느니라"

시부모님께 꼭 전도하고 싶었다. 가족 전도가 힘들다는 생각에 다른 사람이 전하길 바란 때도 있었다. 하지만 부족하고 철없는 며느리에게 큰 사랑을 주시고 아낌없이 베풀어 주신 부모님께 예수님께서 가르쳐주신 사랑을 보여드리고 싶었다. 집 안 제사로 마음이 힘들 때도 있었지만 부모님의 마음을 얻는 것이 무엇보다 중요하다고 생각했다. 제사 때 아이들이 절하지 않는 것, 제사 음식 먹지 않기, 부모님 돌아가신 후 제사는 어떻게 할 것인지, 제삿날 먼저 예배드리고 음식 하기 등으로 시부모님과 몇 번 고비가 있었다. 성령님께서 지혜를 주셔서 잘 넘어갈 수 있었다. 해가 갈수록 제사 횟수가 줄었다.

하나님은 나에게 먼저 천국에 소망을 주시고 시댁에 선교사로 보내셨다고 생각했다. 부모님께서 살아계실 때 최선을 다해 섬기고 사랑하기로 다짐했다. 제사는 싫지만 여든이 넘으셔도 제사 음식을 하시는 어머님을 생각하면 마음이 아팠다. 부모님이 살아 계실 때 함께 예배드리고 믿음의 교제를 하고 싶었다. 교회를 처음 간 후부터 어머님께 예수님 소개를 했다. 아버님은 무서워서 어머님께 먼저 말씀드렸다. 물론 듣기 싫어하셨다. 그동안 기도를 쌓게 하신 하나님께 전도할 기회를 달라고 계속 기도했다. 아버님을 고쳐달라고 더욱 간절히 기도했다.

약 2개월 동안 기도하는 중에 갑자기 영접 기도에 대한 급한 마음이 들었다. 10월 8일 아버님께서 병원에 가신다고 하셨다. 남편에게 부모님 모시고 병원에 다녀오겠다고 했다. 누나가 갈 텐데 애들 데리고 멀리 운전해서 가는 게 위험하다고 가지 말라고 했다. 하지만 나는 계획이 있었다. 복음을 전할 절호의 타이밍을 놓치면 안 된다는 생각이 강하게 들었다.

쌍둥이 남매 승우, 지윤이는 든든한 믿음의 동역자다. 어릴 때부터 기도를 공유했다. 아이들에게 계획을 말하고 영적 전쟁을 준비했다. 10월 8일 부모님 댁에 가면서 차 안에서 우리 셋은 보혈 찬송가를 부르고 선포 기도를 했다. "승리하였네. 어린 양의 보혈로 우린 보혈의 능력으로 서리라 승리하였네. 어린 양의 보혈로 주 내게 승리 주셨네." 아이들이 차 안에서 다투려고 할 때 오늘만큼은 악한 영이 틈을 타지 못하게 하자고 하였다. 어느 때보다 전도할 때 더 조심하고 경계해야 한다고 생각했다. 할아버지 댁에 도착해서 엄마가 복음을 전할 때 계속 기도해달라고 부탁했다.

부모님 댁에 도착 후 부모님을 모시고 병원에 갔다. 진료를 기다리며 아버님께 하나님께서 며느리에게 어떤 은혜를 베푸셨는지 말씀드렸다. 겉으로는 아버님이 잘 안 들으시는 것 같지만 일을 시작하신 분이 하나님이시니 하나님께서 이끌어 가실 것을 확신했다. 하나님 아버지께서 구원하시기로 작정하신 아들이기 때문이다. 병원 진료는 까다롭고 시간도 오래 걸렸다. 그동안 연로하신 부모님께서 진료받으시며 불편하셨을 걸 생각하니 마음이 아팠다.

진료를 마치고 시댁에 돌아와서 점심을 먹었다. 아버님은 지치신 모습이었다. 성령님께 도와주시고 말에 지혜를 달라고 계속 기도했다. 어머님이 텔레비전을 켜셨다. 보신 프로그램이면 텔레비전을 끌 수 있기에 내용을 여쭤보았다. 사람에게 무슨 말을 할지 염려하지 말라고 하신 말씀대로 하나님께 모든 상황을 의지했다. 작은 것까지도 어떻게 해야 할지 지혜를 주셨다.

드디어 예수님을 소개할 절호의 기회! 그동안 시부모님을 위해 기도할 때 주셨던 감동을 말씀드렸다. 아버님 병을 고칠 수만 있다면 집을 팔아도 좋고 팔 하나, 다리 하나를 드려도 좋다고. 심장이 필요하면 드리겠다고 했다. 사랑하는 아버님, 어머님과 천국에서 꼭 만나고 싶다고 며느리 소원을 말씀드렸다. 진심을 말씀드리며 하염없이 눈물이 났다. 천국은 진짜 있고 지옥도 실제로 존재한다는 것을 말씀드렸다.

그날 성령님께서 강력하게 인도하셨다. 시부모님이 예수님을 영접하셨다. 아버님은 영접 기도를 따라 하시며 울고 계셨다. 한 영혼이 주님께로 돌아올 때 천국에서는 잔치가 열린다고 하는데 그 시간 우리 가족이 그 기쁨을 누리게 되었다. 돌아오는 주일부터 교회에 가자고 했더니 동의하셨다. 복음을 전하는 곳에 성령님이 함께 해 주셨다.

주일 아침 예배를 드리고 시댁에 갔다. 아버님은 교회에 가시지 않겠다고 피곤하시다고 누워 계셨다. 철석같이 믿었는데 안 가신다고 하니 눈물이 쏟아졌다. "아버님 가신다고 했잖아요. 하나님께 약속한 건데 가요. 하나님이 기다리세요." 기대가 물거품이 되자 계속 눈물이 났다. 그 모습을 지켜본 어머님이 안타까워하시며 예배가 또 몇 시에 있냐고 물으셨다. 어머님 마음이 움직이는 것 같아서 잠깐 시댁 앞 교회에 가서 간절히 기도했다. 부모님 댁에서 가장 가까운 교회 성도 되게 해달라고 수년 동안 기도한 '만나 교회'이다. 예배드리러 올 때 어머님을 잘 아는 분을 만나게 해달라고 기도했다. 교회에 가자 정말로 어머님을 잘 아는 배드민턴을 같이 치시던 권사님을 만났다. 예배를 드린 후 권사님께 어머님을 부탁드렸다.

아버님 영혼을 위해 계속 기도하였다. 2019년 4월 21일 부활절에 아버님이 응급으로 입원하셨다. "고쳐주신다고 하신 하나님 아버지 저희 아버님을 고쳐주세요."하고 밤새 울며 기도했다. 앞으로 어떻게 되는지 반복해서 여쭤보았다. 곧 우리 곁을 떠나실 것 같았다. 아버님을 더 볼 수 없다는 생각에 마음이 찢어졌다. 한참 기도하는데 마음이 평안해졌다. 하나님의 생각과 내 생각은 달랐다. 천국에 가려면 영이 고침을 받아야 한다는 것을 깨닫게 되었다. 신실하신 하나님은 약속을 지키셨다.

[요한복음 6장 63절]
"살리는 것은 영이니 육은 무익하니라
내가 너희에게 이른 말은 영이요 생명이라"

중환자실에 누워계시는 아버님을 보고 눈물이 났지만, 천국에서 다시 볼 수 있다는 소망이 생겼다. 돌아가시기 하루 전에 담임목사님이 아버님과 통화하시며 천국 복음을 다시 전하셨다. 아버님을 데리러 오는 천사들 따라서 빛의 나라로 가시라고, 영원히 슬픔과 고통이 없는 곳에서 하나님 아버지께서 기다리시니 두려워 마시라고. 잠시 후 아버님은 의식이 없었다.

아버님 귀에 보혈 찬송가를 불러 드리며 "아버님 먼저 가 계세요. 아버님 사랑해요. 아버님 며느리로 살면서 정말 행복했어요. 감사합니다. 어머님이랑 가족 모두 다시 천국에서 만나요. 어머님 잘 모시고 형제들과 화목하게 살게요." 마지막 인사를 드렸다. 눈물이 하염없이 흘렀다. 그렇게 2019년 4월 23일 오후 5시에 아버님은 평온한 모습으로 하나님의 품에 안기셨다.

장례 절차를 위해 가족들이 모였을 때 교회 장례로 하자고 말해야 했다. 전도사님께 말씀드리자 하나님께서 앞서서 이미 일을 해 놓으셨으니 성령님 의지하고 담대히 말하라고 하셨다. 성령님께 어떻게 할지 여쭐 때 가족 한 사람 한 사람에게 설득하라는 생각이 들었다. 남편과 아주버님, 신우, 작은 아버님 차례로 말을 했다. 순식간에 가족들이 동의했다. 아버님 장례를 치르며 담임목사님과 전도사님들, 성도님들이 위로해 주셨다.

예수님을 믿지 않는 가족들과 처음으로 예배를 드렸다. 천국에서 아름다운 환영식이 있었으리라! 목사님이 어머님께 사람이 죽으면 어떻게 되는지, 아버님이 어디에 가시는지, 천국과 지옥에 대해 말씀해 주셨다. 어머님은 앞으로 교회에 잘 다니시겠다고 하신 대로 '만나 교회'에서 신앙생활을 시작하셨다.

예수님을 믿기 전에 나는 불효녀였다. 친정 부모님께 감사할 줄도 몰랐다. 엄마를 만만하게 보고 소리치며 가르치려고 했다. 아빠에게는 미움이 가득 찼었다. 예수님을 믿은 후 변했다. 예수님이 보여주신 사랑, 내 모습 그대로 받아 주신 사랑을 알게 되었기 때문이다. 약속의 첫 계명 '네 부모를 공경하라'를 실천하기 위해 노력했다. 양가 부모님께 최선을 다하고 싶었다. 가장 큰 효도는 예수님을 믿도록 해드리는 것이다. 평생 고생하신 부모님이 돌아가신 후에도 영원히 지옥에서 고통받게 할 수 없다.

아버님이 돌아가시기 전에 강원도에 여행 갔던 기억이 생생하다. 아름다운 자연을 보고 '주 하나님 지으신 모든 세계'를 불렀다. 아버님에 대한 소중한 추억이 담긴 찬송가를 부를 때 아버님이 더 그립다. 선하신 하나님을 의지했더니 합력하여 선을 이루어주셨다.

– 이스라엘과 한국은 하나다!

교회에서 2019년 1월 초부터 '이스라엘과 한국은 하나다!'라는 주제로 여러 차례 부흥회를 했다. 담임목사님께서 이사야를 읽으시던 중에 이스라엘을 위로해야겠다는 생각에 감동하셔서 집회를 예비하게 되었다. 이스라엘 없이 복음은 없고 이스라엘은 다른 민족이나 국가와 대체할 수 없으며 하나님께서 아브라함에게 언약하신 나라이다. 이스라엘이 하나님 아버지 품으로 돌아오도록 도와야 한다고 말씀하셨다. 복음으로 이스라엘과 이방인이 하나가 될 때 성령님이 더 강하게 역사하신다고 하신 말씀을 듣고 집회를 통해 하나님의 마음과 사명을 알려달라고 기도했다.

집회를 위해 성도가 연합하여 기도했다. 유대인 목사님들과 첫 만남이 시작되자 신기했다. 유대인을 볼 수 있다는 것과 유대인 목사님들에게 하나님 말씀을 들을 수 있었기 때문이다. 그러나 이스라엘과 유대인에 대한 맹목적인 환상은 조심할 필요가 있다고 한다. 민족을 탄생시키신 하나님이 주권자이시고 이스라엘은 복음의 통로이자 도구이기 때문이다. 목사님들은 러시아와 에티오피아에서 이스라엘로 삶의 터전을 '알리야'하신 분들이다. '알리야'는 유대인들이 고토 이스라엘로 돌아가는 것을 의미한다. 유대인으로 살면서 받은 서러움과 겪은 고통을 듣는데 눈물이 났다. 대한민국 내 조국은 분명 이스라엘을 돕는 국가라는 생각이 들었다.

[이사야 55장 5절]

"보라 네가 알지 못하는 나라를 네가 부를 것이며

너를 알지 못하는 나라가 네게로 달려올 것은

여호와 네 하나님 곧 이스라엘의 거룩하신 이로

말미암음이니라 이는 그가 너를 영화롭게 하였느니라"

집회 동안 유대인 목사님들이 깜짝 놀라고 감동하였다. 한국에 이스라엘을 사랑하고 섬기는 교회가 있는지, 새벽기도에 많은 사람이 온다는 것과 하나님께 열심인 모습에 놀랐다고 한다. 하나님을 사랑하는 한국 성도와 교회에 시기가 나기도 하고 감동이 된다고도 하였다. 성경 말씀대로였다. 이스라엘은 복음을 전 세계에 흘려보내는 도구로 사용되었다. 선택받은 민족이지만 하나님 말씀에 불순종한 결과는 너무 참혹했다. 이스라엘이나 대한민국이나, 유대인이나 한국인이나 죄인이고 구원을 받아야 할 하나님의 형상이다.

[로마서 11장 11~12절]

"그러므로 내가 말하노니 그들이 넘어지기까지 실족하였느냐

그럴 수 없느니라 그들이 넘어짐으로

구원이 이방인에게 이르러

이스라엘로 시기나게 함이니라

그들의 넘어짐이 세상의 풍성함이 되며

그들의 실패가 이방인의 풍성함이 되거든 하물며

그들의 충만함이리요"

예루살렘 성전이 파괴된 후 거의 이천 년 동안 고국을 가지 못한 '한'을 생각해 보았다. 1948년 5월 14일 정식으로 이스라엘 국가가 재건되기 전까지 전 세계에 흩어져 있던 이스라엘을 생각해 보았다. 가슴이 너무 아팠다. 타국에 살아도 유대인으로서 정체성을 잊지 않으려고 얼마나 민족을 생각했을까? 종교를 바꾸지 않으면 죽임을 당하거나 재산을 몰수당한 경우도 많다. 세계 역사를 보면 많은 나라가 유대인을 괴롭혔다. 홀로코스트가 대표적이다. 구한말 이후 우리나라도 고국에 돌아오지 못한 한인들이 많아서 더 가슴이 아팠다. 단 한 번이라도 고국에 얼마나 가 보고 싶었을까? 고향을 그리워하는 디아스포라들의 삶은 한으로 가득 차 있다.

복음이 시작된 곳, 예수님이 태어나시고 천국 복음을 전하신 곳, 한 민족이 아니라 인류의 구원자가 다시 회복시키신다고 한 곳이 이스라엘이다. 하지만 유대인들은 예수님을 부정한다. 그들에게 십자가는 저주의 상징이다. 로마의 지배를 받을 때 극악무도한 죄인을 처형하는 도구였다. 십자가는 기독교인들에게 복음과 예수님을 뜻하지만, 유대인들에게는 핍박당하고 죽임당한 끔찍한 기억이다.

예수님을 믿는 유대인들을 '메시아닉 유대인'이라고 한다. 이스라엘에서 태어나고 자라서 예수님을 믿은 분들도 있지만, 타국에서 삶의 기반을 버리고 이스라엘로 온 사람들도 많다. 고국에 돌아와 평안을 누릴 줄 알았지만, 이스라엘에서도 적응하고 배워야 할 일들이 많다. 예수님을 믿는 유대인들은 이스라엘로 이주가 어렵다. 예수님을 믿으면 유대인이 아니기 때문이다. 그만큼 이스라엘은 예수님을 거부한다는 증거다. 매우 안타까운 일이다. 유대인들 사이에서 예수님을 믿는 사람들은 이단으로 취급한다.

초대교회와 같은 모습이 이스라엘과 믿는 유대인들 사이에 여전히 일어나고 있다. 같은 유대인이지만 이스라엘 내에서 전도하기 어렵다. 정통 유대인들은 예수님을 믿는 유대인들을 싫어할 뿐만 아니라 괴롭히기까지 한다. 그래서 메시아닉 유대인들과 공동체에 전 세계 교회의 기도와 재정적 지원이 절실하다.

사도 바울이 다양한 신들을 섬기는 이방인들을 전도할 때 얼마나 수고와 헌신을 했는지 생각해 보았다. 하나님께서 이방인의 사도로 부르셨지만, 만일 사도 바울이 거부했다면 이방인들이 복음을 전해 들을 수 있었을까? 이스라엘 민족, 유대인에게 복음을 전하고 섬기는 일은 예수님이 다시 오실 길을 예비하는 일이라고 생각한다. 이방인의 수가 충만할 때까지 이스라엘은 이방인들에게 밟힌다고 하셨다.

[로마서 11장 25절~28절]
"형제들아 너희가 스스로 지혜 있다 하면서
이 신비를 너희가 모르기를 내가 원하지 아니하노니
이 신비는 이방인의 충만한 수가 들어오기까지
이스라엘의 더러는 우둔하게 된 것이라 그리하여
온 이스라엘이 구원을 받으리라 기록된바 구원자가
시온에서 오사 야곱에게서 경건하지 않은 것을 돌이키시겠고

내가 그들의 죄를 없이 할 때에 그들에게 이루어질

내 언약이 이것이라 함과 같으니라 복음으로 하면

그들이 너희로 말미암아 원수 된 자요

택하심으로 하면 조상들로 말미암아

사랑을 입은 자라"

집회 동안 이스라엘을 향한 하나님 마음을 알게 되자 눈물이 마르지 않았다. 집 나간 탕자인 둘째 아들은 돌아왔지만, 첫째 아들은 아버지와 살면서도 아버지 마음을 모르기 때문이다. 저주를 위한 징계가 아니라 회복을 위한 하나님의 처절한 매질이라고 생각하니 더 가슴이 아팠다. 우리가 자식을 훈계할 때 돌아오길 바라는 것처럼 하나님 아버지께서는 여전히 그들을 기다리신다.

1차 집회가 끝난 후 더 기도해야겠다고 결심했다. 하나님은 이스라엘 땅을 회복시켜 주셨다. 아직 영토 분쟁 중이지만 가나안 땅은 반드시 이스라엘 민족의 땅이 된다. 하나님은 언약대로 성취하신다. 이스라엘과 복음, 새 예루살렘과 가나 혼인 잔치에 대한 의미를 몰랐을 때는 하나님 아버지의 마음으로 기도하기보다 형식적이었다. 중동 여러 국가는 어떻게 되나? 팔레스타인인들은 어디에서 살아야 하는지? 이란은? 이스라엘이 영토를 회복할수록 전쟁은 끊이지 않을 것이다. 하지만 하나님께서 이스라엘을 통해 만민이 복을 받게 하신다고 하셨다. 그리고 애굽과 앗수르와 이스라엘을 복되게 하신다고 말씀하셨다.

[이사야 19장 21절~25절]
"여호와께서 자기를 애굽에 알게 하시리니
그 날에 애굽이 여호와를 알고 제물과 예물을 그에게 드리고
경배할 것이요 여호와께 서원하고 그대로 행하리라
여호와께서 애굽을 치실지라도 치시고는 고치실 것이므로
그들이 여호와께로 돌아올 것이라 여호와께서
그들의 간구함을 들으시고 그들을 고쳐 주시리라
그 날에 애굽에서 앗수르로 통하는 대로가 있어
앗수르 사람은 애굽으로 가겠고 애굽 사람은
앗수르로 갈 것이며 애굽 사람이 앗수르 사람과 함께
경배하리라 그 날에 이스라엘이 애굽 및 앗수르와 더불어
셋이 세계 중에 복이 되리니 이는 만군의 여호와께서 복 주시며

이르시되 내 백성 애굽이여, 내 손으로 지은 앗수르여,

나의 기업 이스라엘이여,

복이 있을지어다 하실 것임이라"

눈물이 왈칵 쏟아졌다. 이삭 외에 아브라함의 아들들도 큰 민족이 되게 해 주시겠다고 하신 하나님께서 애굽과 앗수르를 버리신 것이 아니다. 중동에도 예수님을 믿는 그리스도인들이 점점 많아지고 있다. 이슬람 국가에서 예수님을 믿는다는 것은 생명을 버릴 각오를 해야 할지도 모른다. 하나님은 세상을 사랑하셔서 독생자를 보내셨다. 평안을 누리며 믿음 생활을 하는 것에 감사드린다. 복음을 알수록 빚이 무겁다. 갇힌 자를 위해 울어야 하고 핍박받는 믿음의 형제와 자매가 겪는 고난이 크다는 것을 알게 되었기 때문이다.

예수님을 조롱하고, 교회를 비방하고, 하나님을 부정했던 내가 이제는 하나님 나라와 의를 구한다. 영적으로 죽어 있던 나를 깨우신 분의 소망이 이스라엘 회복이기에 기도가 더 절실하다. 복음이 시작된 곳이 이스라엘이고 유대인이며, 이스라엘은 장자국가이다. 그리고 유대인의 왕으로 오신 예수님께서 다시 이스라엘에 오신다

고 약속하셨다. 유대인 목사님들이 유대인들을 위해 간절히 기도해 달라고 하셨다. 하나님의 말씀을 책임진 국가이자 민족이다. 유대인들은 "내년에는 예루살렘에서"라고 인사한다고 한다.

이천 년 동안 유월절, 무교절, 초실절, 오순절, 나팔절, 속죄절, 초막절 7대 절기를 잊지 않고 지키며 민족성을 유지하고 있다. 유대인의 절기는 예수님의 생애와 재림을 나타낸다. 인류의 죄를 위한 제물인 어린 양으로 오셔서 돌아가셨다. 이렇게 유월절을 지나 무덤에 계시는 무교절을 거친다. 말씀대로 죽은 자 중에 3일 만에 다시 살아나셨다. 초실절, 즉 부활절이다. 예수님이 모든 사역을 마치신 후 하늘로 가셨다. 원래 계시던 하나님 나라로 가시며 제자들에게 예루살렘을 떠나지 말고 성령이 임하실 때까지 기다리라고 하셨다. 마가 다락방에 약속하신 성령님을 기다리던 120명은 성령을 받았다. 이처럼 오순절은 성령이 오신 날이다.

네 절기는 이루어졌다. 세 절기가 남았다. 예수님은 감람산에서 올라가신 모습 그래도 다시 그곳으로 돌아오시겠다고 하였다. 나팔 소리가 들릴 때 천사들이 믿는 자들을 모은다고 하였다. 그때 나와 가족들, 친구들의 이름이 불리길 간절히 소망한다. 예수님은 하나님의 아들이시며 하나님의 형상이신 분이시다. 그리고 성전이시다.

전 세계에서 한 번도 이름이 바뀌지 않고 예언한 그대로 다시 세워진 나라는 이스라엘뿐이다. 이스라엘 국가인 "하 티크바" 희망을 뜻한다. 희망을 노래한 민족, 인종 말살 계획 중에도 절망을 노래하지 않았다. 이스라엘은 하나님께서 눈동자처럼 지키신다고 약속하셨다. 아브라함과 이삭과 야곱을 통해 세계 만민이 복을 받게 하시겠다고 선언하셨다. 예루살렘의 평안을 구하는 자에게도 복을 주시겠다고 약속하셨다. 대한민국 내 조국을 위해 이 약속을 붙잡고 간절히 기도한다. 남과 북으로 분단된 상황을 생각하면 가슴이 아프다. 약속하신 대로 이스라엘의 평안을 구하면 대한민국을 평안하게 하실 거라고 믿는다.

[창세기 12장 3절]
"너를 축복하는 자에게는 내가 복을 내리고
너를 저주하는 자에게는 내가 저주하리니
땅의 모든 족속이 너로 말미암아 복을 얻을 것이라 하신지라"

[시편 122편 6절~7절]

"예루살렘을 위하여 평안을 구하라

예루살렘을 사랑하는 자는 형통하리로다

네 성안에는 평안이 있고

네 궁중에는 형통함이 있을지어다"

성령님께서 1차 집회를 통해 유대인과 이방인이 하나가 되는 것을 보여주셨다. 4개월 후 2차 집회를 열어주셨다. 이스라엘 현지에서 예수님을 믿는 유대인 신앙 공동체 'King of Kings'와 한국 교회로는 처음으로 우리 교회와 연합 예배를 드렸다. 이스라엘 현지 교회에서는 한국 찬양을, 우리 교회에서는 히브리어 찬양을 익히기 위해 노력했다. 처음 듣는 히브리어 찬양은 발음부터 어려웠다. 찬양 팀들이 히브리어 찬양을 연습하면서 성령을 더 뜨겁게 느꼈다.

세계 각국에서 살던 유대인들이 예수님을 믿는 메시아닉 유대인이 되었다. 정통 유대인들과 달리 구약과 신약을 믿으며 다시 오실 메시아를 기다린다. 집회에서 하나님을 사랑하는 유대인들과 이방인이 함께 찬양을 불렀다. 많은 곡이 있었지만, 특히 히브리어로

"히네 마 토브"를 함께 부르며 기뻐했다. 유대인과 이방인이 '한 새 사람'이 되어 감사로 예배를 드렸다.

[시편 133편 1절]
"보라 형제가 연합하여 동거함이
어찌 그리 선하고 아름다운고"

말씀대로 아름다운 연합이었다. 유대인 목사님들과 찬양 사역자들은 자신들을 반갑게 맞이하고 섬기는 한국 교회의 모습에 감동했다. 잊지 못할 거라고 했다. 집회 마지막 날 온 성도가 유대인 목사님들과 찬양 팀들에게 축복하고 사랑의 인사말을 전했다. 따스하게 맞아주고 섬겨주어서 진심으로 감사하다고 말하는 그들을 보며 유대인으로 살며 겪은 어려움을 짐작하게 되자 마음이 아팠다. 많은 유대인이 있는 나라에서 여전히 반유대주의가 심하기 때문이다.

2차 연합집회를 마친 후 교회에서 성지순례 광고를 했다. 십 년 넘게 기도하게 하신 이스라엘 땅에 꼭 가고 싶었다. 예수님이 태어나신 곳, 예수님이 사역하신 곳이자 다시 돌아오시겠다고 하신 곳이기 때문이다. 기도 제목이 또 생겼다. 주님의 뜻이라면 기도하게 하신 곳에 갈 수 있는 환경을 열어달라고 구하는 것이다. 내 마음은 이미 이스라엘에 있었다. 집회 때 들은 '코레아' 뜻이 가슴에 박혔다. 히브리어로 '부르다'! 하나님께서 이스라엘의 회복을 위해 한 국가를 부르신다. 대한민국의 사명이라고 생각이 들자 가슴이 뛰었다.

- 저도 꼭 가고 싶어요.

2019년 6월 중순에 성지순례 광고를 들은 후부터 현지에 가고 싶은 생각으로 가득 찼다. 오랫동안 기도한 나라에 정말 가고 싶었다. '백문이 불여일견'이라고 한 번이라도 이스라엘 땅을 밟고 예루살렘을 걷고 싶었다. 일정은 2019년 9월 24일부터 10월 4일까지였다. 30명이 되면 출발한다고 하자 더 간절해졌다.

신청자 명단에 벌써 여러 사람 이름이 적혀 있었다. 아이들에게 우리 기도하자고 했다. 하나님이 보내 주시면 가고 아니면 못 가는 거지만 정말 가고 싶었다. 당시 교회에서 작정 기도회를 하고 있었다. 수업이 있는 날에는 기도회를 가지 못했지만 되도록 빠지지 않으려고 노력했다. 매주 월요일 '이스라엘 기도의 집'에서 기도한 이스라엘을 위해 기도한 내용이 더 간절해졌다. 그래서 꼭 현지를 보고 싶었다. 아니 봐야만 했다. 이스라엘은 '형제 나라'라는 생각이 들었다. '아버지 저도 가고 싶어요!' 쉴새 없이 기도했다. 머릿속에 온통 이스라엘에 가고 싶다는 생각뿐이었다. 애가 탔다.

교회에서 작정 기도 중에 갑자기 "너는 나를 누구로 생각하냐?, 나는 너에게 누구냐?" 라고 물으시는 것 같았다. "아버지요, 전능하신 하나님이요, 만물을 지으신 창조주요," 대답했다. "그런데 왜 네가 돈 걱정을 하냐?" 이 질문이 강하게 뇌리를 스쳤다. 맞다! 하나님은 하늘의 신령한 복을 주시고 땅의 기름진 것으로 쓸 것을 채워주시는 내 아버지시다. 그때부터 구체적으로 기도하기 시작했다. 우리 셋이 이스라엘에 가기 위한 경비를 하나님께 구하기 시작했다. "총 경비와 용돈 포함해서 딱 천만 원만 주세요. 아버지 저 돈 없어요. 그런데 아버지는 전부를 가지고 계시잖아요. 금도, 은도 아버지 것이니 채워주세요." 통장에 돈이 없지만, 분명히 하나님은 일하실 것이라 믿었다.

7월 26일 금요 철야 예배 전에 목사님과 신청자들이 성지순례를 위해 기도 모임을 했다. 지금 상황으로 갈 형편이 되지 못하지만, 함께 갈 수 있도록 중보기도 부탁을 했다. 모임을 마치고 예배를 드렸다. 외부 강사님께서 말씀을 전하시는 중에 믿는 대로 행하라, 믿고 기도했으면 행동으로 옮기라고 하셨다. 그 말씀이 '항공권을 사라'는 말로 들렸다. 직접 행동으로 옮기라는 것이다. 갈 수 없는 상황이라 선교위원장님에게 확답을 드리지 못했다. 주일에 가겠다고 신청자 명단에 접수해 달라고 말씀드렸다. 항공권 구매를 위해 세 사람 여권 사진을 보내달라고 하셨다.

새 일을 행하실 하나님을 기대하기로 했다. 아이들이 돈은 어떻게 될지 물을 때 하나님께서 예비하실 거라고 했다. 돈 걱정? 모든 염려와 근심을 주께 맡기라고 하셨으니 이제 내가 걱정할 것이 아니다. 기도하고 맡기는 것이 내가 할 수 있는 일이다. 어린아이와 같이 아버지께서 기가 막힌 방법으로 일하실 거라고 기대했다.

이틀 후 7월 28일 주일이었다. 여전도회 주방 봉사를 하고 있는데 한 권사님께서 쌍둥이 중 한 명 경비를 지원해 주시겠다고 했다.

말할 수 없이 기뻤다. 하나님은 기도와 평소에 하는 말들을 듣고 계시고, 깜짝 이벤트를 하실 때가 많다. 하나님 아버지께, 권사님에게 감사드렸다. 기쁘고 감사하고 감격스러워서 주방 봉사가 힘든지 몰랐다.

"아버지 아직 칠백만 원 남았습니다!" 하나님 아버지께서 기억하시도록 기도했다.

8월 22일 목요일 아침, 권사님께서 전화하셨다. 쌍둥이 두 명 경비를 입금해 주셨다. 뭐라고 감사드려야 할지 표현하기 어려웠다. 하나님께서 권사님을 통해 공급하시는 거라고 말씀하시며 하나님의 선물이니까 아무한테도 말하지 말고 주님께서 하신 일이니 기뻐하라고 하셨다. 하나님께서 영실이에게 흘려보내라는 감동을 주셔서 순종하시는 거라고 하셨다. 하나님께서 베풀어 주시는 사랑과 은혜에 벅차서 감사하고, 그런데도 죄를 짓는 나 자신이 부끄러워서 눈물이 났다. 그리고 잘 알지도 못하는 나를 섬겨주시는 권사님께 진심으로 감사드렸다.

남편은 이스라엘에 갈 날짜가 임박하자 전쟁으로 위험한 국가다, 애들까지 데리고 꼭 가야겠냐고 하였다. 그런 남편이 이백만 원을, 시어머님과 친정엄마가 각각 삼십만 원, 교회 권사님들과 집사님들이 아이들 기념품이나 맛있는 것 사주라고 사십만 원을 주셨다. 마지막 백만 원은 아는 언니가 주었다. 새벽기도를 나가게 하고 믿음 생활을 뜨겁게 할 수 있도록 도와줘서 고맙다는 이유였다. 그렇게 딱 천만 원이 되었다. 기도회 중에 하나님께서 이스라엘에 가게 해 주셨다고 짧게 간증했다. 금도 은도 하나님 것이니 자녀에게 주실 것을 믿었다.

9월 24일 드디어 출발! 교회에 모여 예배를 드린 후 공항으로 향했다. 마음속으로 이스라엘에 이렇게 가게 하시는 이유, 이스라엘에 대한 하나님의 간절한 마음을 알게 해달라고 기도했다. 모스크바를 거쳐 16시간 만에 이스라엘 텔아비브 공항에 도착했다. 늦은 밤이었다. 현지 '예루살렘 주사랑 선교 센터' 이고르 목사님이 기다리고 계셨다. 첫날은 지중해 바로 앞 호텔에서 잤다. 이틀째부터 시작되는 순례 일정이 무척 기대되었다.

이스라엘은 황폐한 땅이었지만, 하나님께서 약속하신 대로 이스라엘을 회복시키셨다. 사막에 강을 만드시고 작물이 자라서 먹게 하셨다. 본격적인 성지순례가 시작되었다. 가이사랴 바울 선교 출발지를 거쳐 바알 선지자들과 비를 내리게 해달라고 한 엘리야 갈멜산 전투지에 갔다. 오병이어 교회, 가나 혼인 잔치 교회, 팔복교회를 비롯한 여러 교회를 방문하며 예수님의 행적을 밟았다.

성지순례 중에 가장 마음이 아픈 곳, 예루살렘 '비아 돌로로사' 이다. 십자를 지시고 걸으신 고난의 길이다. 예수님께서 짊어지신 십자가가 나를 생명으로 옮기셨다. 십자가는 저주를 상징하지만, 예수님께서 지신 십자가가 아니라면 아무도 천국에 갈 사람이 없다. 예수님이 길과 진리와 생명이 되시기 때문이다.

[요한복음 14장 6절]
"예수께서 이르시되 내가 곧 길이요 진리요 생명이니
나로 말미암지 않고는 아버지께로 올 자가 없느니라"

통곡의 벽에서 많은 유대인이 기도하고 있었다. 하나님께 간절히 이스라엘 회복을 위해 기도했다. 영적으로 눈이 가려진 정통 유대인들과 세속적인 유대인들 모두 하나님께 돌아오게 해 주시고 예수님을 메시아로 영접하는 사람들이 많아지길 바랐다. 성지순례 기간에 이스라엘 새해를 맞이했다. 거리공연을 하며 이스라엘 사람들에게 "샤나 토바"하고 인사했다. 새해 복 많이 받으라는 뜻이다. 히브리어로 이스라엘을 축복하고 찬양하자 사람들이 몰렸고 함께 새해 인사를 했다. 이스라엘을 축복하는 인사를 하자 우는 사람들도 있었다. 전 세계 많은 국가에서 이스라엘을 적대시하는데 한국 교회에서 자신들을 축복해 주어 매우 고맙다고 하였다. 감격이 된다며 함께 춤을 추고 기뻐하는 모습을 영상으로 담기도 했다.

많은 성지를 다녔다. 그중에 다윗성을 지나 히스기야 터널에 도착했다. 한 사람이 통과할 수 있을 정도로 좁다. 불빛이 없으면 앞을 볼 수 없다. 차가운 맑은 물줄기를 따라 삼십 분 정도를 걸은 것 같다. 터널 끝은 실로암 연못으로 이어진다. 예수님이 날 때부터 시각장애인으로 태어난 사람을 고치신 곳이다. 실로암 찬양을 부르며 감사하고 감격했던 순간들이 떠올랐다. 삶을 버리고 싶을 때 가장 어둡고 지친 나를 찾아오셔서 고쳐 주신 예수님이 생각났다. 성지순례를 하며 단순히 여행이 아니라 예수님께서 행하신 일이 지금도 여전히 일어나고 있는 증거를 재확인하였다. 예수님이 행하신 기적은 앞으로도 많은 사람에게 일어날 것이다.

홀로코스트를 기념하는 야드바쉠 박물관에 갔다. 유대인 가정의 단란한 모습, 아이들의 천진난만하게 웃는 모습, 비참한 수용소 생활과 처참한 시체들 사진도 전시되어 있었다. 도저히 눈을 뜨고 있기 어려웠다. 셀 수 없이 많은 신발이 바닥에 쌓여 있었다. 학살당한 유대인들의 신발이다. 말씀을 맡은 유대인들이 세계사 속에 너무 처참하게 죽었다. 학살 현장을 담은 기록들을 보니 가슴이 저렸다. 스티븐 스필버그가 제작한 영화 '쉰들러 리스트' 끝부분이 생각났다. 수용소에서 살아남은 유대인들의 후손들이 이스라엘을 재건하고 있다. 아직 다 돌아오지 못한 유대인들이 전 세계에 천만 명이 넘는다. 하나님께서 이스라엘 백성을 한 명도 빠짐없이 고토로 부르신다는 약속을 기억하며 '아멘'이라고 기도했다.

새해를 이스라엘에서 보내기 위해 타국에서 온 메시아닉 유대인들을 여러 장소에서 만났다. 미국인 로지 할머니와 처음 만났지만 자연스럽게 짧은 대화를 했다. 자신만 예수님을 믿고 미국에 있는 딸과 사위 손자들은 복음을 전해도 거부한다고 하였다. 많은 유대인이 예수님을 믿으면 가족에게도 외면을 당한다. 한국인들이 기도를 열심히 한다는 것을 알고 있다고 하시며 기도를 부탁하셨다.

예수님이 세례를 받으신 요단강에 도착했다. 세계를 받으신 후 물에서 나오시자 하늘이 열리고 하나님께서 말씀하신 곳이다.

[마태복음 4장 16절~17절]
"예수께서 세례를 받으시고 곧 물에서 올라오실새
하늘이 열리고 하나님의 성령이 비둘기 같이 내려
자기 위에 임하심을 보시더니 하늘로부터 소리가 있어
말씀하시되 이는 내 사랑하는 아들이요
내 기뻐하는 자라 하시니라"

그 후 사십 일 동안 광야에서 시험을 받으시고 승리하셨다. 본격적으로 천국을 전하시고 병든 자를 고치시며 가르치시는 하나님의 일을 하셨다. 갈릴리 해변에서 부르심을 받은 베드로와 제자들에게 사람을 낚는 어부가 되게 하리라고 말씀하셨다. 갈릴리 해변

숙소에서 발을 담그며 예수님께 고백했다. "저도 사람을 낚는 어부가 되고 싶어요. 평생 주님과 동행하며 첫사랑이 식지 않도록 도와주세요. 주님 사랑합니다." 아침과 밤에 갈릴리 해변에서 구원의 감격을 노래하였다. 다음에는 남편과 함께 가족 모두 다시 오고 싶다고 기도했다.

감람산에서 예루살렘 성을 마주 볼 때 예수님께서 예루살렘 성을 보시며 "나를 위해 울지 말고 너희 자녀들을 위해 울라." 하신 말씀이 생각났다. 성전이 무너지고 이방인에게 밟힐 것을 아시며 얼마나 가슴 아파하셨을까? 예수님이 승천하신 곳, 감람산에 다시 같은 곳으로 오시겠다고 약속하신 예수님이 더욱 그리워졌다. 그날 예루살렘 성전 터를 보며 에스겔처럼 선포했다. "생기야 사방으로부터 불어와 이 죽임 당한 자들을 살게 하라!" 말씀을 선포했으니 하나님 아버지께서 반드시 성취하시리라!

이스라엘에서 아침마다 목사님과 함께 간 분들이 말씀을 읽고 묵상을 한 그때가 참 그립다. 다시 가고 싶은 이스라엘, 내 믿음의 형제요 자매가 있는 곳을 향해 기도로 그리움을 달랜다.

[이사야 60장 1절~3절]

"일어나라 빛을 발하라 이는 네 빛이 이르렀고

여호와의 영광이 네 위에 임하였음이니라 보라

어둠이 땅을 덮을 것이며 캄캄함이 만민을 가리려니와

오직 여호와께서 네 위에 임하실 것이며 나라들은 네 빛으로,

왕들은 비치는 네 광명으로 나아오리라"

– 어머님 안 돼요!

어머님은 절에 수십 년 동안 다니셨다. 처음에는 종교를 바꾸는 것이 배신이라고 생각하셨지만, 교회에 가신 이후부터 마음이 편안하다고 하셨다. 기도하고 싶지만, 방법을 모르겠다고 하셔서 기도는 어려운 것이 아니라 하나님과 대화하는 거라고 "아버지" 하고 해보시라고 말씀드렸다. 하나님을 부르기만 해도 기도니까. 예배드릴 때 말씀 내용을 몰라서 답답하다고 하셨다. 하나님을 알고 싶다고 하셔서 하나님이 어머님을 알고 계시고 사랑하셔서 꼭 하나님을 알게 되고 예배를 계속 드리면서 더 알게 되실 거라고 말씀드렸다.

교회에 가신 해 첫 제사를 지내며 어머님이 "아버님 어머님 이제 마지막이에요. 이제 어쩔 수 없어요. 저 하나님 믿어요." 우시면서 절을 하지 않으셨다. 예수님을 영접한 사람들은 예수님께서 책임지신다. 예수님께서 어머님을 이끌고 계셨다. 조금씩 어머님과 하나님에 관한 대화를 할 수 있어서 정말 기뻤다. 기운이 없어서 때로는 힘들다고 하셨지만, 거의 빠지지 않고 주일 예배를 드렸다. 한두 분 교회 분들도 알게 되어서 덜 어색하다고 하셨다. 그렇게 신앙생활을 계속하실 거라고 기대했다.

2020년 1월 코로나가 전 세계를 덮친 후 어머님은 2월부터 교회에 가시지 못했다. 다니시던 교회에서 연로하신 분들은 가정에서 예배드리도록 권했다. 외출도 할 수 없었다. 평소에도 약하신 어머님이 아프시기 시작했다. 속이 타들어 갔다. 이제 막 예수님을 믿으신 어머님의 신앙생활과 건강을 위해 기도했다. 목사님과 구역 가족들에게 중보기도를 부탁했다.

어머님은 점점 기력이 약해지셨다. 불과 몇 개월 만에 걷기도 힘들어하셨다. 자식들에게 보이지 않기 위해 많이 노력하셨지만 의지대로 되지 않는 모습을 보며 너무 마음이 아팠다. 내가 보기에 마음이 아플 때 남편은 얼마나 애가 탔을까? 지난해에 아버님이 돌아가셔서 더했을 것이다. "엄마가 오래 못 사실 것 같아." 그런 말을 하는 남편이 너무 안쓰러웠다. 남편의 눈에 눈물이 고였다.

어머님께 전화로 기도를 해드리면 작은 목소리로 아멘이라고 대답하셨다. 기운이 없으셔서 대화를 길게 할 수 없었다. 4월 10일 아버님 기일이 다가오고 있었다. 마귀는 쉬지 않는다. 언제나 틈을 노리기 때문에 긴장을 늦추면 안 된다. 어머님뿐만 아니라 시댁 전체 구원이 달린 일이다. 하나님께 가족의 구원을 위해 간절히 기도했다. 그리고 이번 첫 기일을 통해 영적 전쟁에서 승리의 전리품을 드리게 해 주시고, 주님의 방법으로 넘어가게 해달라고 간청했다. 어려운 일이지만 피할 수 없다. 먼저 예수님을 믿지 않는 남편이 첫 관문이다. 제사 지내면 안 된다고 말해야 했다. 떨렸다. 나 자신에게 선포했다. "대적의 문을 취하리라, 너는 뒤로 물러나지 말고 믿는 대로 행하라!"

4월 6일 남편에게 아버님은 천국에 계시니 제사를 지내면 안 된다고 말했다. 남편이 어떻게 반응할지 조마조마했다. 자신도 제사 지내고 싶지 않지만, 가족들 의견이 중요하다고 했다. 의외였다. 첫 기일이라 어머님이 제사를 지내고 싶다고 하셨고 형도 그럴 거라고 했다. 남편의 마음을 확인했다. 다시 영적 전쟁이다. 하나님의 방법으로 막아주시라고 기도했다. 이제는 어머님께 말씀드릴 차례다. 제사를 끊어주시라고 십 년 넘게 기도했다. 절대로 내 가족이 하나님 앞에서 우상을 숭배하는 죄를 짓도록 가만히 둘 수 없다. 두렵고 떨리는 일이지만 해야 한다. 가족을 사랑하기 때문이다. 믿지 않는 가족들은 예수님을 믿는 내가 몰인정하고 부모님을 홀대하는 행동이라고 생각할 수도 있다.

　　믿음 생활은 내 생각이 아니라 하나님 말씀대로 해야 한다. 그래야 열매가 있다. 한 알의 밀알이 되기로 했다. 지금까지 하나님은 먼저 앞서서 평지를 만들어 놓으셨다. 따라가면 되었다. 물론 떨릴 때도 있었다. 이번에도 그랬다. 하나님께 도와달라고 간절히 기도했다. 며느리가 시댁 일, 특히 제사에 대해 말하기 쉽지 않다. 하지만 난 며느리이기 전에 복음을 전할 하나님의 사람이다.

4월 8일 수요예배 날을 디데이로 정했다. 어떻게 해야 하나? 하나님 아버지께 그냥 넘어가게 해 주시길 기도했다. 사실 두려웠다. 한참을 기도하는 중에 환상이 보였다. 선명했다. 시댁 문을 열고 큰 장군이 칼을 쥐고 들어왔다. 너무 단호한 표정이라 무서웠다. 머리부터 발끝까지 갑옷으로 무장하고 있었다. 큰 칼로 시댁 거실에 놓여 있던 제사상을 순식간에 정확하게 반절로 잘랐다. 나를 보더니 오른손에 쥐고 있던 칼을 내 손에 주고 나갔다.

"하나님 힘을 주세요, 연약하지만 순종할게요, 어머님 마음을 만져주세요!" 계속 기도했다. "십자가 군병들아 주 위해 일어나 기 들고 앞서나가 담대히 싸우라" 마음속에서 찬송이 흘렀다. 4월 8일 아침에 어머님께 전화를 드렸다. 안부를 여쭈고 본론을 말씀드렸다. 제사에 대해 말씀드리자 첫 기일이라 몸이 힘들지만, 꼭 지내고 싶다고 하셨다. 아버님은 천국에 계시는데 제사를 지내면 아버님이 좋아하지 않으실 거라고 말씀드리자 어머님은 반대하셨다. 하나님을 믿으면 말씀대로 살아야 하나님 자녀라고 말씀드렸다. 모든 것을 다 지키기 어렵지만 제사는 하나님이 제일 싫어하시는 거라고 전해드렸다. 그리고 아프신데 제사 준비하다가 더 아프시면 어떻게 하냐고, 전 어머님 편찮으신 거 너무 마음이 아프다고 진심으로 말씀드렸다. 사랑만이 복음의 능력이 나타나기 때문이다.

어머님께 말씀을 드린 후 수요예배 스텝으로 참석하기 위해 교회에 갔다. 이후의 모든 일은 아버지께서 가장 좋은 모습으로 일하실 거라고 믿었다. 그 시간 어머님도 영적 전쟁을 하고 계셨다. 다음 날 병원에 입원하셨다. 많이 고민하셨을 것을 생각하니 너무 마음이 아팠다. 그렇게 아버님 기일을 제사 지내지 않고 넘어가게 해주셨다. 하나님 아버지께서 가족을 지키는 파수꾼으로 나를 세우셨다. 내 가족은 내가 지킨다. 영적으로 무장하고 틈이 생기지 않도록 경계를 강화해야 한다. 파수꾼의 사명이기 때문이다.

– 한 알의 밀알

결혼 전에 시댁에 인사를 드리러 갔을 때 부모님은 예순 중반이셨다. 처음 뵌 어머님은 예비며느리를 위해 음식준비를 하시며 수줍어하셨다. 아직 음식이 덜 됐으니 조금 후에 들어오라고 하셨다. 지금의 남편에게 뭐라고 말씀드리냐고 너무 긴장된다고 하였다. 집에 들어가서 인사를 드리자 무척 반갑게 맞아주셨다. 식사하는데 밥이 코로 들어가는지 어디로 들어가는지 모를 지경이었다. 식사를 마치고 설거지를 하려고 하자 손님이니 앉으라고 하셨다. 결혼한 친구들이 "결혼 전에는 다 그렇게 친절하셔, 결혼 후에 변하신다."고 한 말이 생각났다. 그래서 걱정되었다.

만난 지 2년이 지나 결혼하였다. 신혼집과 시댁은 걸어서 5분 정도였다. 부담스러웠다. 드라마에서 본 시댁 갈등이나 친구들에게 들은 고부갈등이 일어나지는 않을지 걱정이 되었다. 집이 가깝다 보니 더 그랬다. 오판이었다. 시부모님은 한결같으셨다. 어머님은 신혼집에 오시기 전에 늘 전화를 먼저 하셨다. 영화 '올가미'나 드라마 '사랑과 전쟁'과 같은 일은 없었다. 맞벌이하는 아들 내외가 힘들까 봐 집안 살림을 도와주실 때가 있었다. 세탁한 옷들을 정리하시면서 남편 팬티는 그대로 두셨다. "이제는 네 남편이니까 네가 개." 라고 하셨다. 나는 전혀 상관없었다. 오히려 도와주셔서 감사했다. 어머님은 주변 친구분들에게 요즘 며느리에게 어떻게 대해야 하는지 배우고 계셨다. 배려해 주시는 어머님께 참 감사했다.

시부모님은 결혼 첫해부터 생일을 챙겨주셨다. 어머님은 내가 좋아하는 음식을 해 놓으시고 생일상을 차려주셨다. 매해 십만 원을 봉투에 넣어서 용돈도 주셨다. 시댁과 사이가 좋았지만, 신앙생활을 시작하면서 불편해졌다. 교회를 다니자 남편은 물론이고 시부모님께서 한 집안에 종교가 두 개면 안 좋다고 하셨다. 교회 다니는 사람들에게 받은 상처가 있었기 때문이다.

어머님은 같이 절에 다니자고 하셨다. 아버님은 예수쟁이 며느리인 줄 알았으면 결혼은 무효였을 거라고 하셨다. 충분히 이해할 수 있었다. 예수님을 인격적으로 만나기 전, 나는 예수쟁이들을 더 싫어했기 때문이다. 부모님이 받으신 상처를 지워드리고 싶었다. 마음속으로 예수쟁이 며느리로 인해 꼭 복을 받고 기쁨이 넘치는 가정이 되게 해드리겠다고 다짐했다. 예수님께 배운 사랑을 꼭 알게 해드리고 싶었다.

나에게 가족은 양가 부모님의 모든 혈족이다. 그래서 온 가족을 위해 기도했다. 시간이 지나면서 시댁에 예수님을 믿는 분들이 늘었다. 시고모님은 상주 교회에, 신우는 온누리교회에 다니게 되었다. 아버님 동생이신 대전 작은아버님께 2년간 꾸준히 복음을 전했다. 작은어머님이 돌아가시기 전에는 교회를 다니셨지만 오랜 세월 신앙생활을 쉬고 계셨다. 작은아버님이 돌아가시기 일주일 전에도 통화하였다. 이제 죽음이 두렵지 않다고 하셨다. 하나님을 만나셨다며 기도해 줘서 고맙다고 하셨다. 남겨진 두 아들을 위한 기도를 부탁하셨다. 작은아버님은 편안히 주님 품으로 가셨다.

하나님을 믿은 후부터 하나님과 양가 부모님께 효도할 결심을 했다. 하나님 아버지께서 영혼을 사랑하시기에 나도 사랑하기로 했다. 사실 미워하고 사는 것이 정말 힘들다. 미워해 봤기 때문이다. 그리고 사랑으로 하는 기도를 했을 때 하나님께서 들으시고 일해 주셨다. 사랑은 결국 나를 살리는 일이고 남도 살린다.

평생 고생 많으신 부모님께 좋은 추억을 선물해 드리고 싶었다. 거의 해마다 시부모님과 여행을 다녔다. 친정 부모님은 모시지 못해 죄송하고 마음에 걸렸다. 두 남동생 내외가 친정 부모님을 섬겨 주어서 고맙고 미안하다. 올케들은 친정에 귀한 선물이다. 불편할 수도 있는데 자신을 헌신한다. 예수님을 믿는 사람들보다 더 착하다는 생각을 할 때가 많다. 올케들과 올케들 친정 가족들을 위해 감사한 마음으로 기도한다. 복음을 전할 때 올케들은 불편할 수 있는데도 들어줘서 고맙다. 신실하신 하나님께서 시댁과 친정에 일하고 계신다. 조금씩 거부감이 줄어드는 것 같다.

기쁜 일이 있는가 하면 슬픈 일도 있다. 어머님 건강이 점점 나빠지셨다. 그동안 함께 한 추억을 생각하며 얼른 나으셔서 다시 여행 가자고 말씀드렸다. "그럴 수 있을까? 안 될 것 같아". 하시면서도 또 가시고 싶다고 하셨다. 어머님은 입원과 퇴원을 반복하셨다. 외출이 어렵다 보니 운동을 하실 수 없었다. 근력이 점점 떨어지셨다. 안방 바로 옆에 화장실을 가실 때도 자주 부딪치셨다. 멍이 든 모습을 보니 마음이 아팠다. 입맛이 없어서 잘 드시지 못했고, 면역이 거의 바닥이었다.

어머님은 건강을 찾기 위해 최선을 다하셨다. 조금 좋아지시는가 하면 다시 힘드실 때, 의지대로 되지 않을 때 얼마나 마음이 아프셨을까? 사람이 너무 아프면 삶을 놓고 싶을 때가 있다. 어머님이 그런 생각을 하실까 봐 무서웠다. 아버님이 돌아가신 후 남편은 예전보다 어머님을 자주 뵈러 갔다. 어머님 소식을 들을 때 긴장이 되었다. 남편은 아무래도 오래 못 사실 것 같다고 걱정을 많이 했다. 남편의 눈시울이 붉어졌다. 나도 마찬가지였다. 간절히 어머님 건강을 위해 기도했다. 내가 할 수 있는 일의 전부였다.

신우가 계속 어머님을 모시고 병원에 다녔다. 택시에 휠체어를 접었다 폈다 하면서 어머님을 챙기느라, 병원에 도착해서 계속 기다리는 동안 두 분은 지치셨을 것이다. 수업이 없는 날 어머님을 병원에 모시고 가기 위해 시댁에 갔다. 휠체어에 타시는 것도 힘들어하셨다. 진료를 받기 위해 기다리시는 모습이 지쳐 보였다. 코로나 예방을 위해 마스크를 쓴 어르신들이 많았다. 예수님을 모르고 살다 세상을 떠나시는 분들이 많을까 봐 걱정되었다. 기다리는 동안 짧은 외마디 기도를 했다. "아버지 불쌍히 여겨 주시고 살려 주세요!"

시댁에 와서 저녁으로 소고기를 구워 먹었다. 정말 맛있다며 평소보다 많이 드셨다. 최근에 너무 입맛이 없어서 제대로 드시지 못했다고 하셨다. 드시는 모습을 보니 흐뭇했다. 다소 안심이 되었다.

불과 몇 개월 전, 여름에는 어머님 좋아하시는 음식들도 함께 먹었다. 다 드신 후 누우신 모습을 보니 마음이 아팠다. 그러나 눈물은 금물! 어머님이 더 울고 싶으실 것 같았다.

괜찮아지실 줄 알았다. 2020년 11월 21일 신우가 마음의 준비를 하라며 병원에 오라고 하였다. 전날 응급실에 입원하신 후 곧 중환자실로 옮겨지셨다. 며칠 전 남편이 어머님이 곧 가실 것 같다고 한 말이 떠올랐다. 서울에 가는 동안 눈물이 멈추지 않았다. 내가 슬플 때 남편은 얼마나 마음이 아플까? 남편이 너무 안쓰러웠다. 아이들도 충격을 받았다.

병원에 도착 후 어머님을 뵈려고 중환자실 앞에 대기하였다. 코로나로 병원 의료진들은 초긴장 상태였다. 한 명만 들어갈 수 있다고 하자 간곡하게 부탁했다. 어머님을 볼 수 있는 마지막일지도 모르기 때문이었다. 어렵게 병원 승낙을 받고 중환자실에 들어갔다. 어머님은 패혈증으로 투석을 하고 계셨고 의식이 없이 산소호흡기에 의존하고 계셨다.

허물 많은 며느리, 철없고 할 말 다 하는 며느리를 따뜻하게 받아 주신 어머님을 보자 눈물만 나왔다. 작으신 몸으로 마지막까지 버티고 계셨다. 어머님께 아버님과 이제 천국에서 만나셔서 우리를 기다려 주시라고 말씀드렸다. 얼굴을 쓰다듬고 손과 발을 문지르며 가시는 길을 준비했다. 귀에 대고 감사하고 사랑한다고 말씀드렸다. 그렇게 어머님은 그날 밤 10시가 넘어 하나님 품으로 가셨다. 저 높은 곳을 향하여 찬양이 마음에서 계속 흘러나왔다.

예쁜 나의 어머님, 18년 동안 내 곁에 계시던 어머님이 하늘나라로 가셨다. 아버님 때와 같이 교회장으로 장례를 치렀다. 은은하게 찬송가를 틀어 놓았다. 조문객 중에 찬송 한 소절을 듣고 예수님을 만날 수도 있다고 믿었다. 평생 고생 많으신 시부모님이 하나님 안에서 재회하셨으리라! 영원한 빛의 나라, 어둠이 조금도 없고 기쁨만 가득한 나라에서 잠자는 자들의 부활을 기다리시며 우리를 기다리실 것이다.

하나님 아버지께서 믿음을 선물로 주시고 그 믿음으로 기도하게 하셨다. 사랑은 모든 것을 이긴다. 죽음 이후에 반드시 심판이 있기에 나를 사랑해 주신 양가 부모님과 가장 사랑하는 남편을 위해, 내 동생들 가정과 혈족을 위해 간절히 기도했다. 하나님께서 가르쳐주신 사랑은 생명을 전하는 것이다. 그리고 함께 천국을 바라보고 소유하는 것이다. 천국의 주인은 예수 그리스도시다. 만물이 예수님께로부터 나와 예수님께 다시 돌아간다. 그래서 우리는 죽는다고 하지 않고 돌아간다고 말한다. 낙원에서 믿음의 선배들이 예수님이 부활하신 것처럼 부활을 바라고 기다린다. 나중에 믿으셨지만, 사랑하는 시부모님이 천국에 먼저 가신 선배님들이다. 할렐루야!

[히브리서 11장 1절~3절]
"믿음은 바라는 것들의 실상이요 보이지 않는 것들의 증거니
선진들이 이로써 증거를 얻었느니라 믿음으로
모든 세계가 하나님의 말씀으로 지어진 줄을
우리가 아나니 보이는 것은 나타난 것으로
말미암아 된 것이 아니니라"

[히브리서 11장 6절]

"믿음이 없이는 하나님을 기쁘시게 하지 못하나니

하나님께 나아가는 자는 반드시 그가 계신 것과

또한 그가 자기를 찾는 자들에게

상 주시는 이심을 믿어야 할지니라"

에필로그
Epilogue

- 하나님 아버지께 드리는 편지

그리운 하나님 아버지! 아버지를 불러봅니다. 이 땅에 저를 보내신 지 벌써 47년입니다. 오랫동안 왜 살아야 하는지 의미를 모르고 방황이 길었습니다. 살면서 하나님 마음을 아프게 한 일이 많았지요. 죄송합니다. 몰라서 그랬어요. 그래서 하나님을 모르는 사람들의 마음을 이해할 수 있게 되었습니다.

태어나서 자라고, 지금은 장년이 되기까지 한순간도 저를 떠나신 적이 없는 아버지! 그저 감사합니다. 감사할 것이 얼마나 많은지요. 사랑하는 친정 부모님과 시부모님을 통해 어른이 되고, 삶의 귀한 가치들을 배우게 해 주셔서 감사합니다. 평생 엄마라고 한 번이라도 듣고 싶었는데 이제는 엄마 소리를 두 아이에게서 매일 듣습니다. 두 아이가 성령님을 선물로 받고 교회 봉사도 열심히 합니다. 그리고 사랑하는 남편에게 사랑도 받고 있어요.

주라 그리하면 채우리라, 주는 것이 받는 것보다 복이 있다 하셨지요. 주께 하듯 하라 하신 말씀에 예수님처럼 하지 않는 남편을 어떻게 사랑하냐고 거역한 것 죄송합니다. 순종이 제사보다 낫다고 하셔서 힘들지만, 사랑을 품었더니 따뜻한 가정이 되었습니다. 귀한 남편을 주셔서 감사합니다.

성령 충만한 교회들로 인도해 주시고 주님을 사랑하는 목사님들과 믿음의 가족들을 만나게 해 주셔서 감사합니다. 힘들고 괴로울 때 울어주신 목사님들과 사역자님들, 교회 가족들을 아껴주시고 저도 그 은혜를 갚을 기회를 주세요.

하나님 아버지 지난해부터 시작된 코로나로 전 세계가 흔들리고 있습니다. 의료진도 무척 힘듭니다. 한 영혼을 천하보다 아끼시는 아버지! 영혼들을 불쌍히 여겨 주세요. 코로나로 가족을 잃은 사람들이 많습니다. 경제적인 고통으로 신음하는 가정들도 있겠지요. 각 가정을 위로해 주시고 어린아이와 어른들, 특히 부모의 마음을 만져주셔서 함께 어려움을 극복하도록 도와주세요.

두렵고 떨리는 그들을 아버지의 사랑으로 품어 주세요. 교회에 다닌다는 이유로 회사와 학교 사업장에서, 가정에서 핍박받는 성도들을 보호해 주시고 믿음 잃지 않도록 힘을 주세요. 그리고 주님을 믿는 자들이 서로 도우며, 어려운 이웃들을 돕게 해 주시되 오른손이 하는 일을 왼손이 모르게 하도록 지도해 주세요.

제게 오래 참고 기다려 주신 것처럼 자비와 긍휼을 베풀어 주세요. 세상이 너무 혼란스럽습니다. 코로나로 교회가 많이 힘듭니다. 거룩하게 살라고 하신 대로 살지 못한 죄를 용서해 주시고 속히 하나님께 돌아가도록 마음을 고쳐주세요. 겸손하게 하나님을 구하며 믿는 자들이 정직하고 사랑하며 살게 해 주세요. 언제나 주님 앞에서 부끄러울 뿐입니다. 제 속에서 교만이 자꾸 올라옵니다. 믿는 대로, 기도한 대로 살지 않은 죄를 용서해 주시고 미련하고 연약하지만, 주님의 도구로 사용해 주세요.

아버지 한반도가 위태롭습니다. 먼저 대한민국에 정결한 영을 부어주셔서 회복시켜 주세요. 대한민국은 잘 먹고, 잘 산다고 하지만 북한 성도들이 남한 교회를 위해 기도한다고 합니다. 썩었다며 그들이 대신 울고 있습니다. 굶주리고 자유가 없는 땅에서 주님을 배신하지 않고 죽는 성도들이 있습니다. 지금도 탄압을 받는 동포들을 기억해 주세요. 극심한 상황에 놓인 성도들이 남한 교회를 위해 기도한다고 하니 부끄럽고 미안합니다. 1907년 대부흥 성회가 시작된 복음으로 충만한 땅, 평양이 이제는 어둡습니다. 그러나 반드시 회복시켜 주실 것을 믿습니다.

남한 땅에 3만 명이 넘는 탈북민이 있습니다. 탈북하다 붙잡혀 북송되는 사람들도 있습니다. 그리고 중국에 수십 만 명이나 되는 여성들이 숨어 삽니다. 죽지 못해 사는 것은 북한과 다름이 없다고 하니 가슴이 아픕니다. 한국 교회가 통일을 위해 말씀과 기도로, 하나님이 기뻐하시는 뜻대로 거룩해지도록 도와주세요. 회개! 깨닫고 고쳐서 하나님께 돌아가도록 해 주세요.

아버지! 다음 세대 우리 아이들이 교회를 떠나고 있습니다. 저부터 회개합니다. 여호와를 경외하는 것보다 세상에 으뜸이 되길 원한 것에 용서를 빕니다. 세상은 날로 발전하지만, 아이들 마음은 텅 비어가고 있습니다. 아버지 말씀으로 훈육하지 않고 화를 내며 다그친 것을 용서해 주세요. 있는 그대로 보지 않고 비교한 것, 하나님의 기업이라는 것을 잊고 제 소유로 생각한 것 회개합니다. 저희 부모 세대를 고쳐주셔서 우리 아이들이 새벽이슬과 같은 세대가 되도록 말씀 안에서 양육할 수 있는 믿음과 능력을 주세요. 부부들 사이에 상처를 치유해 주셔서 아름다운 가정이 되도록 도와주세요.

주님이 다시 오실 날이 가까운 것 같습니다. 말씀대로 민족이 민족을, 나라가 나라를 대적하여 일어나고, 세계 곳곳에 기근과 지진이 자주 일어납니다. 불안에 빠진 많은 사람이 영원한 생명이 없는 유혹에 빠져듭니다. 점점 속도가 빨라지고 규모도 커지고 있습니다.

아버지 부탁이 있습니다. 생명의 길, 좁은 길로 가도록 인도해 주세요. 가족과 친구들을 불쌍히 여겨 주세요. 대신 기도하겠습니다. 예수님이 다시 오실 것을 준비하는 자들을 통해 천국 복음이 계속 전파되도록 도와주세요. 복음이 시작된 이스라엘로 다시 복음이 들어가도록 길을 열어주세요. 이스라엘 거리마다 "찬송하리로다 주의 이름으로 오시는 이여!" 소리가 넘쳐 아버지께서 기뻐하시는 자녀들의 함성으로 가득하게 해 주세요.

마음이 다급합니다. 주변에 교회를 떠난 사람들이 많습니다. 비대면으로 예배드리면서 아버지와 멀어지게 될까 봐 두렵습니다. 아버지와 멀어지는 만큼 세상과 가까워진다는 게 두려워요. 저희는 여전히 연약하고 흔들릴 수 있으니 처음 사랑을 기억하며 아버지 안에 늘 거하도록 도와주세요. 아버지께서 찾으시는 영혼과 일을 위해, 아버지의 나라를 위해 깨어서 기도할 능력을 주세요. 무엇보다 사랑이 가득하도록 이끌어 주세요. 시부모님은 아버지와 함께 계시니 안심이 됩니다. 아직 아버지께 돌아가지 않은 친정 아빠와 친정 가족들, 시댁 가족들을 위해 기도하겠습니다. 제게 오래 참고 기다려 주신 것처럼 사랑해 주세요.

선하신 아버지를 믿습니다. 유튜브를 통해 예배 제단과 기도 제단이 많아져서 다행이에요. 다시 회복시켜 주시리라 기대합니다. 함께 예배드리던 교회분들이 그립습니다. 많은 교회가 무너지고 있다고 하니 마음이 아픕니다. 목사님들, 선교사님들과 사역, 가정이 위태로운 상황에서 새 일을 하실 것을 기다립니다. 하나님은 사랑이시기 때문입니다. 그러나 공의로 심판하시기에 하나님이 무섭습니다.

인생 여정을 마치고 아버지 품으로 갈 때까지 세상에서 맛을 내는 소금이 되게 해 주세요. 환한 미소로 주변을 밝히는 빛도 되고 싶습니다. 아버지께서 기뻐하실 테니까요. 평생 예수님이 지신 십자가를 기억하며 감사하며 살게 해 주세요. 성령님 도와주세요. 미련하고 천하고 연약해서 저를 사랑하신다고 하신 아버지! 아버지 앞에서 언제나 겸손한 어린아이로 살고 싶습니다. 아버지 사랑합니다. 많이 보고 싶습니다. "영실아 이제 내 품에 오렴."하실 때까지 기다리며 하늘나라를 바라봅니다. 나의 선하신 목자, 아버지 정말로 사랑합니다. 예수님의 이름으로 기도드립니다. 아멘!

[시편 23편 1절~4절]
"여호와는 나의 목자시니 내게 부족함이 없으리로다 그가 나를 푸른 풀밭에 누이시며 쉴 만한 물 가로 인도하시는도다 내 영혼을 소생시키시고 자기 이름을 위하여 의의 길로 인도하시는도다 내가 사망의 음침한 골짜기로 다닐지라도 해를 두려워하지 않을 것은 주께서 나와 함께 하심이라 주의 지팡이와 막대기가 나를 안위하시나이다"

2021년 4월 아버지를 사랑하는 딸이 드립니다.

하나님
진짜예요?

초판인쇄	2021년 5월 17일
초판발행	2021년 5월 24일
지은이	김영실
펴낸이	김영실
펴낸곳	커넥팅북스
디자인	디자인 리바운드
출판등록	제 2021-000002 호 (2021년 1월 18일)
주소	22001 인천광역시 연수구 컨벤시아대로 42번길 77, 904동 204호
문의	viva1123@naver.com
전화	010-8750-3902
팩스	032-834-3902
ISBN	979-11-974060-0-3